그 말이 듣고 싶었어

그 말이 듣고 싶었어

이서원 지음

레벤북스

추천의 말

추천사를 수도 없이 썼다 지웠다.

"이서원 소장님
사랑해요
당신의 모든 걸
모이세 신부 드림"

이렇게 쓰고 나니
글쓴이에게 전해야 할 모든 말이
몇 마디에 다 들어갔다는 걸
깨달았다

– 이영준(신부)

언제부턴가 '스승이 가물었다'는 생각을 지우기 어렵다. 자연스레 제자도 가물었다. 오늘날 저마다 삶이라는 전쟁을 치르는 이들이 고전을 면치 못하는 까닭은 어쩌면 스승의 부재에 있을지도 모른다. 나의 스승인 선생님은 늘 내가 '듣고 싶었던 말'을 들려주었다. '혼날 수도 있겠지만 그 말이 듣고 싶다'는 생각에 꺼냈던 말들이 있었다. 그럴 때면 혼은 쏙 뺀 채 듣고 싶은 말들로만 화답해 주었다. '기분 나쁘실 수도 있겠지만 그 말이 듣고 싶다'는 마음에 꺼냈던 말들도 있었다. 그럴 때에도 기분 나쁘단 내색은 쏙 뺀 채 듣고 싶은 말들로만 채워주었다. 스스로도 만족할 만한 일을 했을 땐 '역시 내 제자'라며 안아주었다. 스스로도 부끄러울 만한 일을 했을 땐 '그래도 내 제자'라며 보듬어 주었다.

그런 스승을 통해 나는 '내가 하고 싶은 말' 대신 '그가 듣고 싶은 말'로써 대화하는 방법을 배우게 되었다. 그러자 주변에는 점차로 좋은 분들이 많아지게 되었다. 내게 좋은 분들이란 가족과 친구들로부터도 들을 수 없었던, '그때 그 순간 정말로 듣고 싶었던 말'을 들려주시는 분들이었다.

과거의 나처럼 배보다 말이 고파 몸보다 마음이 굶주렸던 분들이 우리 주변에 여전히 많이 계신 듯하다. 이 책과 인연이 닿으실 분들께서 그간 애타게 듣고 싶었던 말들로써 먼저 스스로의 허기를 채우실 수 있었으면 좋겠다. 그리고 그 힘으로 다시 남들의 마음을 배불려 주실 수 있었으면 좋겠다. 그로써 이 세상이 조금이라도 더 살맛나는 세상이 되기를 간절히 바란다.

— 제갈건(작가)

프롤로그

평생 이쁘게 말하며
살고 싶다면

말을 기준으로 사람을 나누면 두 종류의 사람이 있다. 말을 밉게 하는 사람과 이쁘게 하는 사람이다. 중간고사에서 수학 시험을 망친 딸에게 "넌 왜 이렇게 수학을 못해?" 하는 엄마는 밉게 말하는 엄마다. "아깝다. 우리 딸 수학만 잘 봤으면 이번에 완벽한데." 하는 엄마는 이쁘게 말하는 엄마다. 전하려는 내용은 같지만 전하는 방법이 다르다 보니 이쁜 말이 미운 말이 되기도 하고, 미운 말이 이쁜 말이 되기도 한다.

미운 말을 하는 사람의 공통점은 하고 싶은 말을 한다는 거다. 내가 하고 싶은 말을 내 마음대로 하니 속이 후련하다. 여과 없이 말하니 화살처럼 직선의 말이 나간다. 그런 말을 듣는 사람 속은 헤집어진다. 상처를 입고 두고두고 아파한다.

이와 달리 이쁜 말을 하는 사람의 공통점은 듣고 싶어 하는 말을 한다는 거다. 말을 하기 전 예외 없이 '이 말을 들으면 어떤 기분일까'를 생각한 후에 가려서 말한다. 가려서 말하니 활시위처럼 부드러운 곡선의 말이 나간다. 그런 말을 듣는 사람 속은 따스해진다. 흐뭇함에 두고두고 고마워한다.

성격은 타고나지만 말은 타고나지 않는다. 배우고 익힌 결과가 말로 나타난다. 누구나 마음만 먹으면 지금보다 훨씬 덜 밉게, 더 이쁘게 말할 수 있다. 강산이 세 번 바뀌는 동안 많은 사람을 상담실에서 만나보니 상담실에 노크를 하는 사람들은 거의 예외 없이 말을 밉게 하는 사람 때문에 고통을 받고 있었다. 말을 밉게 하고 싶어 하는 사람은 없다. 다만 방법을 모를 뿐이다. 말을 밉게 하는 사람은 나쁜 사람이 아니라 방법을 모르는 사람이다. 그 방법을 말 사용법으로 알려주고 싶었다.

말 사용법은 간단하다. 내가 하고 싶은 말에서 네가 듣고 싶은 말로 변환하는 것이다. 이것을 상대 비위를 맞추고 아부를 하는 거라고 오해하는 사람이 있다. 전혀 다른 차원의 이야기다. 내가 할 말을 하면서도 상대가 들어 기분 좋게 말하는 건 얼마든지 가능하다. 그리고 그렇게 말하면 내가 비굴해지는 것이 아니라 당당해지고 자랑스러워진다. 언격이 인격임을 이쁘게 말하는 자신을 보며 매번 확인할 수 있다.

나를 살리는 말, 너를 살리는 말을 거쳐 우리를 살리는 말을 알게 되면 삶을 살리는 말을 하는 내가 될 수 있다. 이 책은 어디서부터 읽어도 같은 효과가 나는 책이다. 부담 없이 읽으며 더 이쁘게 말하는 나를 기쁘게 만나시기를 빈다.

차례

프롤로그 … 7

 **1장 나를 살리는 말**

그 사랑을 어떻게 뛰어넘어	16
너한테만 그 말을 한 건 아니야	19
이병헌이 절 닮았다는 소리는 들었는데	22
미식가가 되는 건 어떨까요?	25
자기들만 손해지 뭐	28
이제 차가워지자	31
누군가는 해야 되잖니	34
회에서 무슨 소리가 나서요	37
라엄마와 래엄마	40
너한테는 2천만 원이지만	43
병은 성실을 이길 수 없다	46
다섯 살 저금해 놓는 거야	49
누가 널 싫어하겠니?	52
엄마가 미안해	55
엄마는 아무짝에도 쓸모가 없네	58

너를 살리는 말

얼마나 내 딸을 사랑하나?	62
내가 벌면 되죠	65
재판에서 이겼지만 삶은 달라지지 않았을 때	68
독이 약이 되는 거예요	71
바지구멍, 구멍바지	74
사랑할 만큼 충분히 약한가	77
진짜 미인은 美in	80
제게 뜰을 빌려주실 수 있으신가요?	83
좋은 삶이 좋은 말이다	86
날 너무 사랑해서 그래요	89
의사도 희한하다카네	92
미워하면 너만 손해야	95
거울로 저를 보는 줄 알았어요	98
이순신 장군 옆 병졸1	101
내 걸 만들잖아요	104

3장 우리를 살리는 말

우리니까 해내는 거야	108
집에는 바람 안 불디?	111
우리 열 번이나 볼 수 있을까	114
마음이 가난해서 그래	117
열일곱까지는 속 썩여요	120
매너는 어디 있니?	123
아, 그래, 정말	126
싫어보다 더 나은 좋아	129
어디서 오신 분이세요?	132
운전해 주실 수 있으세요?	135
다 돌팔이야	138
날지는 못한다면서요	141
내가 정말 괜찮은 여자라는 생각이 들어서	144
사랑해 너의 모든 걸	147
그럼 누가 잡은 날인데	150

삶을 살리는 말

날 기억하는 사람이 몇이나 되겠어요	154
난 스트레스가 없어요	157
내일 오더라도 오늘 가겠다	160
누구에게 돈을 맡기실래요	163
인생이란 경험을 주섬주섬 줍는 거야	166
괜찮아서 우울증이 온 거야	169
내가 한 일 중에 제일 잘 한 일이 뭔지 아니	172
오시는 시간이 정각입니다	175
뼈에 물 들어가니	178
세계 1등 할 자신 있어	181
내가 죽인 게 아니라 그 사람이 죽은 거야	184
저는 가족수선사입니다	187
쳐다보지도 않고 했어	190
그렇게 말해줘서 고마워	193
난 적이 없잖아	196

1장

나를 살리는 말

그 사랑을 어떻게 뛰어넘어

소파에 앉아 물끄러미 딸을 쳐다보다 엄마가 머리를 쓰다듬어 주며 말했다.

"이쁜 우리 딸, 나중에 엄마처럼 우리 딸 사랑해주는 좋은 남자 만나서 잘 살아."

엄마 이야기를 들은 딸이 엄마를 바라보며 말했다.

"그 사랑을 어떻게 뛰어넘어."

여자에서 엄마가 되고 나면 고생의 연속이다. 태어나 자라면서 딸은 온갖 자질구레한 문제에서부터 병에 이르는 커다란 문제까지 끝없이 엄마를 걱정시키고 고생시킨다. 그런 고생 가운데 엄마가 견딜 수 있는 건 내 목숨보다 귀한 딸이 건강하게 잘 자라서다. 그런데 엄마도 인간이기에 딸에게 좋은 소리 한 번쯤은 듣고 싶다. 그 소리 한 번 듣는다고 달라질 게 하나 없지만, 엄마 고생했다는 소리, 엄마 사랑한다는 소리 한 번 들으면 그간 고생한 것이 언제 그랬냐는 듯 스르르 사라지는 게 엄마라는 사람이다.

그런 엄마에게 고등학생 딸이 평생 잊을 수 없는 말 선물을 했다. 엄마가 나를 아끼고 챙겨주는 그 사랑을 누가 어떻게 뛰어넘어. 엄마가 얼마나 나를 사랑하는지, 그 사랑이 절대적일 뿐 아니라 유일무이하다는 걸, 누구도 그 사랑에 미치지 못할 거라는 걸 딸이 알고 있다. 엄마는 이제 충분하다. 걱정도 고생도 눈 녹듯이 사라진다. 잠자리에 들어도 엄마는 눈웃음이 멈추지 않았다. 내가 딸 하나는 잘 키웠단 말이야. 혼잣말이 저절로 나왔다.

"글쎄요 선생님, 어제 제 딸이 이런 말을 해요."

중장년 집단상담 시간에 얼굴에 햇살을 담고 온 엄마가 딸 자랑을 시작했다. 우리 딸에게도 그런 소리 한 번 들으면 소원이 없겠다 부러워하는 소리들이 나왔다. 엄마라는 사람은 태산 같은 고생을 하고도 모래 한 알 같은 자식 말 한마디에 모든 걸 잊는 참 이쁜 사람이다.

너한테만
그 말을 한 건 아니야

집안 형편이 어려워져 마음을 잡지 못하고 방황하던 고3 시절. 어느 날 담임선생님이 따로 아이를 불렀다.

"영석아."
"예."
"힘들지?"
"……"
"그래. 그런데 선생님 눈에는 네가 이번 고비만 넘기면, 언덕 너머에서 너를 반길 밝은 세상이 보인다. 많이 힘들겠지만 우리 한 번만 힘을 내보자."

자신의 처지와 심정을 헤아려주는 선생님 이야기는 아이 마음에 깊은 울림을 주었다. 그날 이후 아이는 마음을 추스르고 열심히 공부하여 카이스트에 들어갔다. 집안 형편은 여전히 어려웠지만 힘들 때마다 선생님이 이야기한 언덕 너머 밝은 세상을 생각하며 마음을 다시 잡곤 했다. 무사히 대학을 졸업하고 대학원에 합격하자 담임선생님이 제일 먼저 생각났다. 작은 선물을 들고 오랜만에 모교로 선생님을 찾아갔다. 대학원에 합격했다는 기쁜 소식을 전하며 말했다.

"이게 다 그때 선생님 말씀 덕분입니다."

그러자 선생님이 빙그레 웃으며 말했다.

"영석아. 내가 그때 너한테만 그 말을 한 건 아니야."

그 말에 가슴이 뻐근해졌다. 울컥한 무엇이 올라오는 걸 느꼈다. 눈시울이 붉어졌다. 방황하던 고3 때 마음을 잡아주었던 선생님이 이번에는 평생 살아갈 마음을 잡아주었기 때문이다. 그 후 영석이는 힘든 공부가 더 이상 힘들지 않았다. 최연소 박사가 된 것도, 대기업에 들어가 이사가 된 것도 선생님 말씀이 결정적인 힘이 되었다.

말에는 사람을 살리는 힘이 있다. 살리는 말을 해주는 사람도 고마운 사람이지만 그 말을 알아듣고 스스로 자신을 살려내는 사람도 대단한 사람이다. 서로가 서로를 살리는 그 말이 우리는 늘 그립다.

이병헌이
절 닮았다는
소리는 들었는데

고시원에서 동생과 몇 달을 지내면서 괴로웠던 일은 동생과 내 얼굴을 비교당하는 일이었다. 20대에 동생은 이병헌과 비슷한 체형과 얼굴로 사람들의 시선을 자주 받았다. 당시 고시촌에서는 경비를 아끼기 위해 식사를 여러 명이 둘러 앉아 함께 하는 경우가 많았다. 한번은 계속 동생 얼굴을 곁눈질하던 고시생이 동생에게 말을 걸어왔다.

"저. 죄송하지만 이병헌 닮았다는 소리 못 들었습니까?"
"아니요."

"아, 닮았는데."

그러자 동생이 웃으며 말했다.

"제가 이병헌 닮았다는 소리는 못 들어봤는데, 이병헌이 절 닮았다는 소리는 가끔 듣습니다."

곁에 앉았던 다른 고시생들이 어깨를 들썩거리며 웃었다. 질문한 고시생도 키득거리며 웃었다.

"아, 죄송합니다. 제가 거꾸로 물어 봤네요."

시간 강사시절, 나도 골프선수인 최경주 선수를 닮았다는 소문이 자자했다. 심지어 내가 강의 들어가는 문에 최경주 선수의 커다란 포스터를 떡하니 붙여놓은 학생도 있었다. 수업 시간에 한 학생이 물었다.

"선생님, 혹시 최경주 선수 닮았다는 소리 듣지 않으세요?"

"아니. 그런 소리는 못 들었고 최경주 선수가 나 닮았다는 소리는 가끔 들었어."

오우! 학생들의 탄성소리가 들렸다. 좀 쳐주는데. 뒤에서 자기들끼리 쑥덕거리는 소리도 들렸다. 사람은 누구나 자기가 제일 잘 났다. 누구를 닮는 순간 2등이 돼버린다. 우리는 누구를 닮지 않았다. 그 누가 우리를 닮은 것뿐이다.

미식가가 되는 건
어떨까요?

"뭐든 잘 먹는 튼튼한 위를 가지고 태어나셨네요."
"예, 뭘 먹어도 소화를 잘 시키는 편입니다."
"그래서 당뇨병을 앓게 되신 거예요."
"아, 그렇군요."
"이제 대식가에서 미식가가 되는 건 어떨까요?"

당뇨 환자 진단을 받고 소개받아 간 한의원에서 대식가로 살던 삶을 바꿔보라는 권유를 받았다. 적게 먹고 살을 빼야 한다는 이야기는 주위에서도 병원에서도 여러 차례

들었다. 그러나 삶에서 먹는 낙을 빼면 무슨 낙이 남는가 싶어 번번이 그 말을 실천에 옮길 수 없었다. 며칠 노력하다가 이내 큰 상실감에 그만두곤 했다. 다시 당수치가 치솟은 것은 말할 것도 없다.

그런데 한의원 원장님은 먹을 것을 줄이라고도, 살을 빼라는 소리도 하지 않고 방향을 바꿔 대식가에서 미식가가 되어보라고 했다. 이 말은 한 번도 들어본 적이 없는 달콤한 제안이자 유혹이었다. 많이 먹던 삶에서 맛있는 것을 먹는 삶으로 가는 건 어떻겠느냐는 제안은 매력적이었다.

다음 날부터 많이 먹는 재미에서 맛있는 걸 먹는 재미로 일상을 바꾸기 시작했다. 얼마 지나지 않아 먹는 양이 자연스럽게 줄어들었다. 맛있는 것을 먹기 위한 탐색과 걸어 찾아가기로 운동량이 늘었다. 체중도 조금씩 줄었다. 신기하게 당뇨 수치도 하루가 다르게 내려가 불과 몇 달 만에 정상 수치로 되었다.

많이 먹지 마라, 살을 그만 찌우라는 말로 지금 하는 건

안 된다고 금지하기는 쉽다. 하지만 지금 하는 것을 인정하고 이와 동등한 가치를 지닌 다른 대안을 제안하기란 어렵다. 한의원 원장님의 말 한 마디는 한약 몇 달치보다 훨씬 효과가 컸다. 머리에 넣어준 말 약 덕분에 당뇨가 잡혔다. 이제 나는 대식가의 삶을 정리하고 미식가의 삶을 살고 있다. 포만감 대신 우아하고 그윽한 미식의 세계를 즐기고 있다. 미식가의 삶에는 당뇨가 없다. 이젠 미식가의 삶으로 건강한 인생을 살 수 있을 것 같다.

자기들만
손해지 뭐

30년 넘게 상담을 하고 있지만 여전히 상대하기 어려운 사람이 있다. 상담 효과에 대해 반신반의하면서 의심하는 사람이다. 이런 사람들은 상담뿐만 아니라 다른 모든 일과 사람에 의구심을 가진다. '지가 날 알면 얼마나 알고, 내 문제를 지가 뭘 해결해.' 하는 마음을 가지고 마지못해 아내의 손에 이끌려 상담실에 오는 경우 의심은 절정에 달한다. 이게 다 돈 벌려고 수작 부리는 거라는 의심의 눈을 치켜뜨기 때문이다. 그런 경우 대개 상담은 더 이상 이어지지 않는다.

나도 상담자 이전에 사람이다 보니 무슨 잘못을 한 것도 아닌데 돈만 밝히는 사기꾼으로 몰리는 게 억울하고 힘들다. 그런 심정을 어디 이야기했다가 '실력이 부족하니 그렇지 실력만 좋다면 누가 오든 무슨 상관이냐'는 핀잔을 들을까봐 내 심정을 털어놓을 곳도 없다. 이럴 때 털어놓는 유일한 사람이 아내다.

나는 그런 날 아내에게 오늘 또 의심하고 저항하는 사람을 만나 힘들었다고 고자질한다. 다음에 오지 않을 것 같다는 말도 덧붙인다. 그럴 때 아내가 어김없이 하는 말이 있다.

"자기들만 손해지 뭐. 어디서 당신 같은 상담자를 또 만난다고."

나는 그 말을 듣는 순간 쌓였던 앙금이 눈 녹듯이 사라진다. 그런 아내는 어디서 강의 초청을 했다가 사정이 생겨 취소가 되었다고 말해도 똑같은 소리를 한다.

"자기들만 손해지 뭐. 어디서 당신 같은 강사를 또 만난다고."

20년 아내와 살면서 내가 가장 큰 위로와 용기를 얻었던 말은 자기들만 손해라는 말이다. 그 말은 묘하게 중독성이 있다. 내가 어디선가 거절을 당하거나 무례한 일을 당했을 때는 은근히 아내의 이 말이 그리워진다. 그래서 자꾸 일러바친다. 아내도 이젠 이런 내 패턴을 아는지 너무나 능숙하게 같은 말을 한다. 가끔 진정성이 의심되기도 한다. 그렇다고 해도 나는 그 말이 늘 그립고 고프다. 이런 아내에게 일러바치지 않으면 나만 손해지 뭐.

이제 차가워지자

 혼자 작사 작곡하는 젊은 싱어송라이터가 있었다. 언젠가 많은 사람들에게 자신만의 음색으로 사랑받기를 꿈꾸며 살았다. 그런 그에게 한 번씩 찾아오는 것이 음악의 한계였다. 더 이상 곡이 떠오르지 않을 때 온몸이 뜨거워졌다. 떠오르지 않는 자신에게 짜증도 나고 열도 나니 마음속도 뜨거워졌다. 그럴 때마다 되뇌인 말이 하나 있었다. 그 말 덕분에 그는 절망 속으로 들어가지 않고 희망 속으로 나아갔다. 그 말은 이 말이었다.

'이제 차가워지자.'

뜨거운 것은 감정의 세계다. 가장 뜨거운 것은 화라는 감정이다. 나의 음악에 한계를 느낄 때 몸과 마음이 뜨거워진다는 말은 화가 난다는 말이다. 화가 나면 냉철하게 분석하고 떠올려야 가능한 작곡과 작사가 불가능해진다. 그러므로 차가워져야 한다. 차가워지는 것은 이성의 세계다. 자신의 음악을 되돌아보는 것도, 지금과 다른 더 나은 앞으로 나아가는 것도 차가운 이성을 통해 가능하다.

내가 30년 가까이 하고 있는 부부폭력 상담을 가만히 들여다보면 뜨거워질 때 차가워지지 못한 사람이 온다는 공통점 하나를 발견하게 된다. 그들은 뜨거워질 때 차가워지는 것이 아니라 더 뜨거워진다. 아내에게 화가 날 때 차분해지기는커녕 손에 물건을 들고 집어던지거나 아내에게 폭력을 쓴다. 더 뜨거워지기 때문에 스스로를 자제하지 못하고 주체하지 못하고 후회할 말과 행동을 한다. 일흔이 다 되어가는 남편이 집단상담에 참가했다가 '뜨거워질 때는 차가워지라'는 이야기를 듣고 자신이 살아온 마흔 해

결혼 생활을 돌아보았단다. 그랬더니 얼굴이 붉어지더라고 했다. 한 번도 차가워진 적이 없었다는 걸 깨달았기 때문이다. 그는 아내에게 말했다.

"여보, 내가 상담 갔다가 '뜨거워질 때는 차가워져야 한다'는 말을 들었는데, 돌아보니 당신한테 퍼붓기만 했지, 차가워진 적이 없는 것 같아. 미안하네."

남편 이야기에 기분이 좋아진 아내는 그날 저녁 파전을 맛있게 부쳐 남편과 막걸리를 마셨다. 뜨거울 때 차가워지면 자다가도 떡이 생긴다.

누군가는
해야 되잖니

인권변호사로 알려진 누나는 돈 잘 버는 일에 관심이 별로 없어 보였다. 도가니 사건, 칠곡 계모사건, 미투 운동 등 굵직한 인권 침해 사건의 대표 변호사로 활동하지만 정작 자신에게 돌아오는 경제적 이득은 거의 없었다. 우리 형제들은 그런 누나에게 용기를 내서 조언을 하고 싶었다. 어느 해 추석 고향으로 내려가는 차 안에서 운전하고 있던 누나에게 내가 말했다.

"누나, 돈 안 되는 인권 사건 말고, 돈 되는 사건들을 좀 더 많이 하면 안 될까. 사무실 직원들도 그런 생각인 거 같던데. 누난 왜 그렇게 인권 사건을 하는 거야?"

누나는 잠시 말이 없다가 천천히 말했다.

"누군가는 해야 되잖니?"

나와 다른 형제들은 목젖을 꿀꺽 삼키는 소리가 서로의 귀에 들렸다. 그 순간만큼 내가 작아지고 부끄러워진 적이 없었다. 나는 말없이 다시 운전대를 잡고 앞을 보는 누나가 태산처럼 높고 커보였다. 다른 누나와 동생도 차창 밖을 보며 말이 없었다. 큰 말 앞에서 한없이 작아진 우리 형제는 그 후 다시는 누나에게 그런 말을 꺼내지 않았다. 누나는 그 후로도 크고 작은 인권 사건을 변호하는 변호사로 살아가고 있다. 나는 형제를 떠나 그런 큰 어른을 형제로 둔 것이 두고두고 자랑스러웠다.

인권 변호는 아니지만 아픈 사람들의 마음을 헤아려주고 용기를 주는 일을 나도 오랫동안 해오고 있다. 마음 상처를 마음 붕대로 감싸주는 붕대클럽을 한 지도 10년이 넘었고, 감정을 요리하는 감정식당을 한 지도 여러 해 되었다. 그런 모임은 내가 돈을 써야 하는 일이지 돌아오는 돈은 거의 없다. 그러나 많은 사람들이 용기를 얻고 희망을 찾는다. 그런 일을 내가 왜 할까를 돌아보면 누나의 말이 유일한 답이었음을 알게 된다. 누군가는 해야 되니 내가 한다. 그럴 때 얻는 나에 대한 자부심과 존중은 어떤 큰 돈으로도 환산할 수 없이 큰 액수의 기쁨이다.

이제 남은 삶을 살아가면서 무슨 일을 할 때 나에게 신앙과 같은 말은 '누군가는 해야 되잖니'라는 말이다. 나는 그런 누나에게 이렇게 말해주고 싶다. '그래, 누나니까 그 누군가가 되는 거야.'라고.

회에서 무슨 소리가 나서요

동생은 우리 식구 중에 제일 웃기는 녀석이었다. 어느 날 온 가족 이십여 명이 횟집에 회를 먹으러 갔다. 그날따라 회가 싱싱하지 않았다. 푸석푸석한 회를 한 젓가락 입에 넣으시고 아버지가 혀를 끌끌 찼다. 오늘 회가 시원찮네. 그러자 동생이 갑자기 서빙하던 아가씨를 부르더니 드릴 말씀이 있으니 주방장님을 좀 오시라고 했다. 아버지와 누나가 그런 동생을 말렸다.

"야, 그냥 먹자. 다시 안 오면 되지. 싸움 벌여 뭐하게."

"아니에요. 아부지, 할 말은 해야죠."

주방장과 다툴까 염려하던 우리 얼굴을 뒤로 하고 동생이 방문을 드르륵 연 주방장과 이야기를 시작했다.

"뭐 불편하신 게 있으십니까?"
"주방장님. 다른 게 아니라 회에서 무슨 소리가 나서요."
"아, 소리가요? 무슨 소리가 납니까?"
"네. 고향 떠난 지 좀 오래 됐다고……."

주방장이 목이 뒤로 젖혀지게 웃기 시작했다. 그리고 동생을 보며 말했다.

"하하. 네 그렇군요. 제가 바로 고향 떠난 지 얼마 안 된 놈으로 올리겠습니다."

아버지도, 누나도 다른 가족들도 그제야 소리 내어 웃었다. 잠시 후 싱싱한 회로 다시 바뀌었다. 우리 가족은 모처럼만에 유쾌하게 싱싱한 회를 즐겁게 먹을 수 있었다. 나는 지금도 회를 먹을 때마다 얘가 언제 고향을 떠났는지 회가 하는 소리를 들으려고 애쓰는 습관이 생겼다.

살다가 무언가 내 마음에 들지 않을 때 나는 게 화다. 그런 화를 어떻게 표현하는가에 따라 그 사람의 격이 달라진다. 화를 표현하는 방법 가운데 최고수는 유머다. 동생의 고향 멘트 하나로 우리는 얼굴 하나 붉히지 않고 기분 좋게 회를 먹을 수 있었다. 이 상황에서 어떤 유머를 써서 내가 원하는 방향으로 가져갈 수 있을까를 고민하는 것은 우리 삶에서 드물게 만나는 즐거운 고민이다.

라엄마와
래엄마

어릴 때 엄마는 문을 닫아달라고 시킬 때 '라'를 쓰지 않고 '래'를 썼다.

"야야, 문 좀 닫아줄래?"

그러면 무슨 영문인지 거절할 수 없었다. 무엇을 시킬 때 엄마는 언제나 '래'를 말 끝에 붙였다. 야야, 밥 먹을래. 야야, 배추 좀 갖다 줄래. 나이가 들면서 '래'의 비밀을 알게 됐다. 거기에는 부탁이라는 정중함과 선택이라는 친절함이 들어있다는 것을. 그래서 부탁하고 선택하게 하는 '래'에 나는 속절없이 엄마의 자발적인 심부름꾼이 되었음을. 그러면서 알게 되었다. 주위 사람들을 관찰하니 '래'를 거의 쓰지 않는다는 것을. 그들은 '래' 대신 '라'를 즐겨 쓰고 있었다.

"야, 문 닫아라!"

그런 말을 듣는 자식이나 배우자나 아랫사람의 얼굴은 어린 시절 나처럼 밝지 않았다. 움찔 화나고 짜증나는 얼굴로 '알았어. 알았다고!'를 툭툭 내뱉었다. '래'에 정중함과 친절함이 들어있다면, '라'에는 무엇이 들어 있어서 그런 반응이 나오는 걸까. '라'에는 명령이라는 일방성과 강제라는 무례함이 들어있다. 그래서 사람들은 '라'로 끝나는 말을 들으면 발끈 반발하게 된다.

오랫동안 식탁 위에 먹은 음식과 그릇을 그대로 두는 남편과 딸에게 지친 여자가 있었다. 여자는 숱한 말로 치우라고 말했지만 그들은 들을 때뿐 소용이 없었다. 여자는 이게 내 팔자인가 보다 하다가 마지막으로 가족 카톡방에 사진을 올리고 이렇게 메시지를 남겼다.

"이 식탁 상태를 유지하고 싶어. 사용하고 잘 치워줘. 부탁해."

수 십 년 치우지 않았던 남편과 아이들이 식탁을 깨끗이 치우기 시작했다. 여자는 어리둥절했다. 말 하나 바꿨을 뿐인데 어떻게 이런 일이 일어났을까. 여자가 한 말은 '라'에서 '래'로 바뀐 역사적 말이었다는 것을 여자는 몰랐다. '래'의 비밀을 일찍 알면 알수록 우리는 다른 사람과 언제든 평화협정을 맺을 수 있다.

너한테는
2천만 원이지만

여러 해 전 변호사인 누나는 어느 법률상담소가 신축공사를 하며 모금했을 때 2천만 원이란 큰돈을 기부하겠다고 했다. 천만 원을 기부하면 거기에 기부한 사람의 이름을 붙여 누구의 방이라고 이름을 지어주는 아이디어로 기금을 모았는데 누나가 방 두 개에 해당하는 돈을 기부하기로 했다는 것이다. 솔직히 나는 그 돈이 탐났다. 그래서 침을 꿀꺽 삼키고 누나에게 말했다.

"누나 그 돈, 날 주면 안 돼?"

순간 눈이 동그래진 누나가 말했다.

"널 줘도 되지. 그런데 널 주면 그 돈이 2천만 원이지만, 거기 주면 2억이거든."

이번에는 부끄러움에 다시 침을 꿀꺽 삼킬 수밖에 없었다. 나에게 주면 2천만 원에 불과한 돈도 지금 절박하게 공사대금이 필요한 상담소에 주면 2억의 가치가 있는 거였다. 이렇다니까. 언제나 작은 욕심을 부리는 나는 넉넉하게 큰마음을 가진 누나에게 한 방 먹는다니까.

내가 박사논문을 마무리하기 위해 어디 조용한 곳이 없을까 찾고 있을 때, 누나가 작은 암자를 소개해 줬다. 그 암자의 스님에게 전화를 한 번 드려보라는 말에 전화를 드렸더니 반가운 목소리로 언제든 들어와서 얼마든 있으라는 소리를 들었다. 암자에 들어가니 스님은 스님이 쓰던 공부방을 성큼 내주었다. 스님이 왜 이렇게 나에게 호의를 베푸는지 궁금했는데 절에 들어간 지 며칠 후 비밀이 밝혀졌다. 스님이 혼자 암자를 지으려고 했을 때 속옷 하나밖에 없는 가난한 처지였는데, 변호사였던 누나가 선뜻 5백만 원을 주었단다. 그때 그 돈이 스님에게는 5억처럼 느껴졌고, 용기를 내어 지금 암자를 짓고 살고 있다는 것이다. 그래서 언젠가 은혜를 갚으려고 생각하고 있었는데 동생이 들어온다고 하니 마침내 그때가 왔다 싶었다는 것이다.

그때 누나에게는 5백만 원이었지만 스님에게는 5억이었던 돈 덕분에 나는 5년 동안 생활비 한 번 내지 않고 무료로 암자에서 박사 논문을 마무리하고, 한 번씩 암자를 찾아오는 많은 스님들에게 삶의 지혜를 마음껏 배울 수 있었다. 돌아보면 그게 모두 누나의 5백만 원 덕분이었다. 같은 돈도 언제 누구에게 가느냐에 따라 돈의 가치가 달라진다. 나는 누나를 보며 가치 있게 쓰는 돈의 미덕을 배웠다.

병은
성실을 이길 수 없다

"어떻게 하면 좋을지 모르겠어."

식탁에 고개를 묻고 아내가 울었다. 몇 달째 먹는 족족 소화가 안 돼 몸무게가 몇 kg이나 빠진 아내였다. 남편인 나도 어쩔 줄 몰라 당황했다. 나도 눈물이 배어 나왔다. 어쩌면 좋아. 용하다는 한의원을 수소문하고, 의사인 친구에게 용하다는 내과를 소개 받아 연달아 방문했다. 진단 결과는 두 곳 다 똑같이 위 기능이 멈추었다는 것이었다.

매주 두 번씩 한의원에 가서 침을 맞고, 한 달에 두 번 병원에 가서 주사를 맞는 위 살려내기 프로젝트에 돌입했다. 한의원에서 지어준 약을 매일 먹고, 병원에서 처방한 약도 매일 먹었다. 아내는 이 과정에서 AI 같은 모습을 보여주었다. 한 번도 거르지 않고 한의원 원장님과 병원 원장님이 시키는 대로 정확하게 지켰다. 아내는 옆에서 지켜보던 나도 입을 다물지 못할 정도로 꾸준하고 정확하게 처방을 따라 살았다. 그렇게 1년이 지났다.

기적이 일어난 건 1년이 막 지났을 때였다. 아내는 다시 먹기 시작했다. 소화도 다시 되고, 몸도 모르는 사람들이 봤으면 다이어트를 열심히 했다고 느낄 것처럼 날씬해졌다. 어떻게 하면 좋을지 모르겠다고 말하던 아내는 의사들의 말을 믿고 어떻게 하며 1년을 보내더니 1년 전과 전혀 다른 사람으로 재탄생했다. 아내는 웃기 시작했다. 더 이상 울지 않았다. 어느 날 아침 눈물 흘리며 울던 바로 그 식탁에서 아내가 말했다.

"여보, 나 1년 동안 배운 게 하나 있어."

"뭔데?"

"병은 성실을 이길 수 없다는 거야."

나는 아내 말에 고개를 끄덕일 수밖에 없었다. 나는 1년을 아내와 함께 보내며 병에 대한 큰 깨달음을 얻었다. 성실하면 모든 병을 이길 수 있다. 내가 작년 당뇨환자로 판정된 후 크게 걱정하지 않은 것도, 다시 요즘 정상 혈당으로 살아가는 것도 아내의 말 덕분이다. 병은 성실을 이길 수 없다. 남은 생 동안 나는 아내 말을 들으며 살 생각이다. 성실은 병의 가장 좋은 약이다.

다섯 살
저금해 놓는 거야

"몇 살이야?"

"스물 다섯입니다."

"어금니 꽉 깨물어."

"예?"

"꽉 깨물어. 그리고 한 대마다 숫자를 센다. 실시!"

학사장교 시험에 떨어지고 스물 다섯에 간 군대. 어리버리한 동작으로 내무반에 처음 들어섰을 때 완장을 찬 내무반장이었던 김 병장이 나이를 묻고는 다짜고짜 뺨을 때리기 시작했다. 하나. 둘. 때릴 때마다 큰 소리로 숫자를 외쳤다. 다섯이라는 숫자를 센 후 때리는 게 멎었다. 다른 고참들이 키득거릴 때 김 병장이 또렷하게 말했다.

"다섯 살 지금부터 국방부 금고에 저금해 놓는 거야. 알았어?"
"예, 알겠습니다."
"제대할 때 찾아가는 거야. 알았어?"
"예, 알겠습니다."

며칠 후 처음 야간 보초를 2인 1조로 설 때 김 병장이 함께 보초를 섰다. 내무반장 권한으로 명단을 바꿨다는 걸 훗날 알았다. 김 병장은 나에게 말했다.

"그때 놀랐지? 군대가 다 그래. 나이 많다고 했다가 계속 깨져. 아무 잘못도 없는데 때려서 미안하다. 앞으로 잘 지내보자."

나는 나보다 몇 살 어린 김 병장을 보면서 인생을 배웠다.

지혜란 나이와 별 상관이 없다는 걸 알았다. 지혜는 오히려 경험과 더 많은 관련이 있었다. 경험을 하며 무언가를 배우고 그걸 일상에서 적용할 수 있다면 그는 지혜로운 사람이다. 그날 이후로 나는 스물다섯에서 스무 살 가장 어린 졸병이 될 수 있었다. 군 생활을 순조롭게 할 수 있었던 건 그날 맞은 뺨 다섯 대 덕분이었다. 훗날 마흔에 교수가 되었을 때도 나는 학교 금고에 몇 살을 저금해 두고 나보다 나이 어린 교수들을 깍듯하게 예우했다. 김 병장의 그날 가르침은 두고두고 내 삶의 나침반이 되고 있다.

누가
널 싫어하겠니?
━━━━━

 대학원에서 조교로 일하던 어느 가을이었다. 학교 안에 작은 산이 있어 점심을 먹고 올라가곤 했다. 그날도 점심을 먹고 올라가는데 가을이라 코스모스가 아름답게 피어 있었다. 나는 문득 연구실에서 하루 종일 일하는 교수님이 떠올라 코스모스 몇 송이를 꺾어 손에 들고 왔다. 빈 유리병에 물을 담고 손에 들고 온 코스모스를 꽂아 교수님에게 가져갔다. 바쁘게 글을 쓰던 교수님이 고개를 들었다. 나는 코스모스가 든 병을 앞으로 내밀며 말했다.

"교수님, 가을입니다."

순간 교수님 눈빛이 꽃처럼 흔들리더니 이내 함박웃음을 지으며 내 손을 잡았다. 그리고 내 눈을 바라보며 말했다.

"서원아. 대한민국에서 누가 널 싫어하겠니?"

태어나 내가 들은 말 중에 최고의 말을 듣는 순간이었다. 그 말을 듣자 온 산의 코스모스가 가슴 속으로 들어와 활짝 꽃피는 것을 느꼈다. 대한민국에서 날 싫어할 사람이 없구나.

그날 이후 나는 사람 만나는 것이 신났다. 나를 싫어할 사람이 없는데 두려운 것이 무엇이 있겠는가. 내성적이던 성격이 외향적으로 변했다. 처음 보는 사람에게도 성큼 다가가 말을 건네기 시작했다. 그러면 사람들은 마치 교수님 말씀을 이미 알고 있는 것처럼 환하고 반갑게 나를 맞아주었다. 누구를 만나든 '이 사람도 날 싫어하지 않을 거야'라는 믿음이 있기에 만나는 사람마다 친절하게 우호적으로 대할 수 있게 되었다. 말은 힘이 세다. 그리고 그 힘은 그 말을 굳게 믿을 때 발휘된다.

아내를 만났을 때도 이 말은 큰 힘을 발휘했다. 이 여자는 날 싫어하지 않는다는 생각으로 다가서고 데이트를 청하고, 프로포즈를 했다. 결혼 후 아이가 태어났다. 아이가 말귀를 알아들을 때부터 나는 아들에게 "승준아, 대한민국에서 누가 널 싫어하겠니?"라는 말을 했다. 이 말 덕분인지 아들은 씩씩하게 자랐다. 좋은 말은 힘이 있다. 그리고 힘 있는 좋은 말은 대를 이어 대물림된다. 누가 내 글을 싫어하겠는가. 그 마음 하나로 이 글을 쓰고 있다.

엄마가
미안해

가난한 어린 소녀가 있었다. 하루는 교실에서 잘 사는 집 아이가 가져온 보라색 필통이 보였다. 너무 예뻐서 가지고 싶었다. 체육 시간에 아이들이 나간 틈에 몰래 필통을 훔쳤다. 두근거리는 마음으로 집에 가져와 숨겼다. 기쁨도 잠시, 아무에게도 보여주지 못하고 집에만 두는 필통은 더 이상 즐거움을 주지 못했다. 필통을 잃었다고 울고불고하는 친구를 본 게 이틀 전인데도 소녀는 가방에 필통을 넣어 학교에 가져갔다. 쉬는 시간에 비밀이라며 제일 친한 친구에게 살짝 필통을 보여주었다. 그 날 학교를 마칠 때 담임

선생님이 소녀를 불렀다.

"윤희야. 내일 어머니 학교에 오시라고 해라. 꼭."
"왜요?"
"응. 어머님 오시면 드릴 말씀이 있어서 그래. 알았지?"
"네."

다음 날 어머니가 학교에 오셨다 집으로 돌아갔다. 소녀가 집으로 돌아오니 엄마가 조용히 딸을 불렀다.

"윤희야. 우리 오랜만에 요 앞 솔밭에 가볼까?"

영문도 모르는 소녀는 엄마 손을 잡고 솔밭으로 갔다. 엄마가 딸에게 '우리 딸 한 번 업어볼까' 하더니 등에 소녀를 업었다. 솔밭을 걷다가 나지막한 소리로 말했다.

"윤희야, 엄마가 미안해."
"왜?"
"엄마가 돈이 없어서."

"……"

"우리 윤희… 필통 많이 가지고 싶었나보다."

전기에 감전된 듯 소녀는 얼어붙었다. 소녀는 엄마 등에서 하염없이 눈물을 흘렸다. 그 소녀는 그 날 이후 평생 남의 물건에 손을 대지 않았다. '엄마가 미안해.' 엄마, 보고 싶어요.

엄마는
아무짝에도
쓸모가 없네

"엄마는 걷지도 못하고, 밥도 못하고, 할 줄 아는 게 없네."

혼자 살던 엄마가 넘어져 다리를 다치고 몸져 누운 지 몇 해가 되었다. 어느 날 침대에 누워있는 엄마를 보며 할 줄 아는 게 없다고 말했다. 엄마는 나를 쳐다보며 쓸쓸한 표정이 되었다. 내가 한 마디를 보탰다.

"엄마는 이제 아무짝에도 쓸모가 없네."

"그래. 어쩔래. 인제 갖다 버릴래?"
"엄마."
"왜?"
"그럴 때 잘 해주는 게 사랑이야."

구순이 넘은 엄마가 주르르 눈물을 흘렸다.

"그래. 맞다. 그기 사랑이다."
"내가 어려서 기저귀차고 아무짝에도 쓸모없을 때 엄마가 날 버리지 않았잖아. 그때 잘해 줬잖아. 그게 사랑이지."
"그래. 맞다. 그기 사랑이지."

가족이란 신비한 존재다. 살아만 있으면 껑충껑충 기뻐하는 이상한 사람들이 가족이다.

"엄마. 그러니까 살아만 있어. 그럼 돼. 그래야 내가 엄마한테 사랑도 줄 수 있지."
"그래. 고맙다. 내가 백 살까지 살게."

가족은 조건부로 사랑을 주지 않는 유일한 집단이다. 무조건 사랑을 주는 특별한 집단이다. 갑작스러운 사고로 중환자실에 있어도 그러다 식물인간이 되어도 목숨만 붙어있으면 안도의 한숨을 쉬고 기뻐하는 사람들이 가족이다. 엄마, 아무짝에도 소용없어도 괜찮아. 살아만 있으면 돼. 그게 다야 엄마.

2장

너를 살리는 말

얼마나
내 딸을 사랑하나?

무뚝뚝한 아빠에게 여러 번 예상 질문을 요구했다. 며칠 후 결혼 승낙을 받으러 오기로 한 남자친구가 미리 마음 준비를 하도록 하기 위해서였다. 예비 장인을 보러 오는 사위로서는 처음 보는 어른께 결혼 승낙을 받아야 하니 손에 땀이 났다. 하지만 무뚝뚝한 아빠답게 그런 게 어디 있냐며 아빠는 딸의 부탁을 들어주지 않았다.

긴장한 며칠이 지나고 남자친구가 여자 집에 왔다. 서먹한 분위기를 딸이 애써 깨며 간신히 시간을 보내고 있었다.

이런저런 이야기가 조금씩 오가다 마지막에 아버지가 침묵을 깨고 남자에게 물었다.

"자네 얼마나 내 딸을 사랑하나?"

전혀 예상하지 못한 질문이 훅 들어오자 딸도 당황하고 남자도 당황했다. 잠시 어색한 침묵이 흐르다 남자가 말했다.

"네, 제 인생을 바꿀 만큼 사랑합니다."

무뚝뚝한 아버지가 호탕하게 웃었다. 그리고 말했다.

"합격!"

결혼 승낙이 유쾌하고 통쾌하게 나는 순간이었다. 결혼하면서 남자는 정말 자신의 인생을 바꾸었다. 비보이 춤을 추며 살던 인생에서 패션 일을 하는 안정된 직업으로 바꾸었다. 사랑한다면 적어도 내 인생을 바꿀 만큼 사랑해야

지. 남편은 자기 말에 책임을 지려고 애썼다. 그런 남편을 보며 아내는 마음이 든든했다. 그리고 자기도 인생을 바꾸어야겠다고 생각하며 살기 시작했다.

사랑은 삶의 많은 것을 바꾸어 놓는다. 참을성이 없던 사람을 인내하게 하고, 자기만 알던 사람을 배려하게 한다. 기꺼이 내가 좋아하던 것을 줄이기도 하고, 내가 싫어하는 것을 늘리기도 한다. 얼마나 사랑하는가는 얼마나 기꺼이 나의 모습을 바꿀 수 있는가로 평가된다. 나의 고유한 모습을 잃지 않으면서 상대를 위해 기꺼이 내 말과 행동을 바꾸어 가면, 상대도 똑같이 자신의 모습을 바꾸어가는 관계. 그것이 사랑하는 사람의 관계이며 금슬 좋은 부부의 관계다.

내가
벌면 되죠

"부모에게 물려받은 재산이 없으면 어떻게 하죠?"
"내가 벌면 되죠."

상담실에 앉은 남자가 시원스럽게 대답했다. 다시 질문을 했다.

"그럼 부모에게 부부가 어떻게 지내야 하는지 물려받은 방법이 없으면 어떻게 하죠?"
"그것도 제가 하면 되지 않을까요?"

돈도 물려받은 게 없으면 내가 벌고, 관계도 물려받은 게 없으면 내가 하면 된다. 그게 전부다. 간단하다. 그런데 간단한 이 원리를 아는 사람이 많지 않다. 덕분에 상담실의 상담자들이 먹고 산다. 상담실에 굳이 돈을 들고 가서 방법을 배울 필요는 없다. 돈을 벌 듯이 내가 가까운 사람들과 이런 방법 저런 방법을 쓰면서 관계를 좋게 만드는 법을 알아내면 된다.

부모가 이틀이 멀다 하고 욕을 하고 물건이 날아가면서 싸우던 집에서 성장한 아들이 결혼했다. 본 게 싸운 거밖에 없는데 잘 살 수 있을까 걱정이 된 엄마가 아들 집에 가 보았더니 며느리가 행복에 겨운 표정이었다. 안 싸우고 잘 사냐는 물음에 며느리는 남편이 너무 잘 해줘서 몇 년 동안 싸울 일이 없다고 했다. 놀라고 신기해서 비결이 뭐냐고 물었다. 그러자 거실에 걸린 액자를 가리켰다. 거기에는 '아버지 반대로 살자'라 적혀 있었다. 아버지처럼 살아가는 아들도 있지만, 이 아들처럼 아버지에게 물려받은 방법이 없다면 내가 만들면 된다고 생각하고 스스로 방법을 찾아 잘 사는 아들도 있다.

눈에 보이는 돈이나 보이지 않는 관계나 원리는 같다. 내가 벌고 내가 하면 된다. 이렇게 생각하면 사는 게 괴롭지 않다. 오히려 내가 노력해서 벌고 해냈으니 나에 대한 자부심이 생긴다. 덕분에 내 주변 사람도 내 덕을 본다. 내가 벌면 된다. 내가 하면 된다. 너무 간단하다.

재판에서 이겼지만
삶은 달라지지 않았을 때

중학생 아들에게 학교에서 내준 과제는 전문가를 인터뷰하라는 것이었다. 아들은 변호사인 고모에게 인터뷰를 청했다. 아빠가 동석한 자리에서 아들은 온갖 질문을 다 던졌다. 변호사 하면 정말 돈을 많이 벌어요? 언제 변호사가 될 생각을 했어요? 변호사 하면 뭐가 좋아요? 고모는 그런 조카의 순진한 질문에 웃음꽃이 피었다. 인터뷰 끝에 아들이 물었다.

"변호사를 하면서 한계를 느낀 적이 있으세요?"

"있지."

"언제에요?"

"재판에서는 이겼지만 삶은 달라지지 않았을 때야."

"그게 무슨 말이에요?"

"예를 들어볼까. 네가 교통사고를 당해서 다리 하나가 없어졌어. 그런데 사고를 낸 차 주인이 돈을 물어주지 않는 거야. 그래서 고모가 재판을 해서 돈을 물어주게 했어. 재판은 이긴 거지. 그런데 그렇다고 없어진 네 다리가 다시 생기는 건 아니잖아. 너는 없어진 다리 때문에 만나고 싶은 친구들과 자주 만나지도 못하고, 가고 싶은 곳도 마음 놓고 갈 수가 없지 않니. 그게 재판에서 이겼지만 삶이 달라지지 않았다는 말이야."

아들은 인터뷰를 마치고 집으로 오면서 말했다.

"아빠, 고모가 돈 잘 버는 변호사라고만 생각했는데 멋있는 변호사인 것 같아."

그렇게 말한 고모는 그해 상담대학원에 진학했다. 재판

에 이기고도 삶은 변하지 않는 의뢰인의 삶을 조금이라도 변하게 하고 싶었기 때문이다. 대학원을 다니며 미술치료도 여러 해 공부하고, 다양한 상담 방법도 배워 법률적 상담에 심리적 상담을 더하는 삶을 살기 시작했다. 사람은 평생 성장하고 확장하는 존재다. 성장하고 확장하기 위해서는 자신의 한계를 보는 작업이 선행되어야 한다. 조카와 인터뷰를 통해 변호사의 한계를 알고, 더 큰 세계로 자신을 이끌어가는 고모는 조카에게 닮고 싶은 좋은 사람이었다.

독이
약이 되는 거예요

마포를 지나면서 개인택시 기사님이 긴 한숨을 쉬었다. 궁금증이 생겨 왜 그리 한숨을 쉬시냐고 물어보았다. 백발의 기사님은 그 이유를 설명해 주었다.

"손님, 제가 어릴 때 마포에 살았습니다. 전쟁이 나서 서울이 빨갱이 손에 넘어갔잖아요. 그때 총알이 아깝다고 사람들 모아놓고 죽창으로 죽이고, 이리저리 사람들 죽는 걸 많이 봤어요. 여기만 지나가면 그때 본 장면이 생각나서 저도 모르게 한숨을 쉽니다."

"네, 그래서 그러셨군요. 그런 일을 어릴 때 겪으셨으니까 세월이 지나도 잊혀지지 않는 거군요."

"어떻게 그게 잊혀지겠습니까?"

"그 뒤로 그 일로 힘들게 사셨나 봐요."

"반댑니다. 그 일이 있어서 그 뒤로 아주 행복하게 삽니다."

"그게 무슨 말씀이세요?"

"아, 생각해 보세요. 지금 죽창으로 사람 죽이는 거 봤습니까. 또 요새 굶어 죽는 사람 봤어요. 그것만 없어도 얼마나 좋은 세상입니까. 저는요, 그 뒤로 늘 감사하다는 마음으로 매일 삽니다. 고맙다는 말이 입에서 절로 나와요. 독이 약이 되는 거예요."

독이 약이 된다는 말이 깊이 와닿았다. 독은 독이지 약이 아니다. 독을 약으로 만들기 위해서는 특별한 변환 과정이 있어야 한다. 운전기사님의 변환 과정은 끔찍한 과거와 평범한 현재를 비교하여 현재의 가치를 재평가한 것이었다. 그 결과 비참했던 어린 시절 경험은 트라우마가 되는 것이 아니라 현재를 긍정하는 성장의 거름이 되었다.

외상 후 트라우마만 있는 것이 아니라 외상 후 성장도 있다. 외상을 어떻게 이해하고 받아들이느냐에 따라 외상은 끔찍한 트라우마가 되어 평생 사람을 괴롭히기도 하지만 운전기사님처럼 현재를 긍정하고 감사하게 만들어 평생 사람을 행복하게 만들기도 한다. 그 가운데 무엇을 선택하는가는 외상을 겪은 사람의 몫이다.

택시는 마포를 지나 여의도로 접어들었다. 숱한 외부의 침략과 수많은 사고로 트라우마가 일상화된 세상에서 백발 운전기사님의 독이 약이 된다는 한마디는 앞으로 살아가며 겪을 트라우마를 어떻게 대해야 할지 나에게 알려주는 작은 나침반이었다.

바지구멍, 구멍바지

조선시대 명재상이었던 황희 정승 집 머슴이 다리를 절며 가는 사람을 보고 말했다.

"영감마님, 저 사람 한쪽 다리가 짧습니다."

그 말에 황희 정승이 말했다.

"그렇게 말하면 쓰나. 저 사람 한쪽 다리가 깁니다. 이렇게 말해야지."

똑같은 모습을 보고 짧은 다리를 중심으로 보느냐, 긴 다리를 중심으로 보느냐에 따라 서로 다른 모습으로 보인다. 바지에 구멍이 났다고 하는 말과 구멍 난 바지라고 하는 말은 비슷해 보여도 전혀 다른 말이다. 바지에 구멍이 났다고 하면 아직 멀쩡한 곳이 많은 바지라 구멍이 상대적으로 작은 문제가 되고, 수선하면 얼마든지 멀쩡하게 입을 바지라는 생각이 든다. 이에 비해 구멍 난 바지라고 하면 구멍이 큰 문제가 되어 곧 버려야 할 바지라는 생각이 든다.

사람을 바라볼 때도 사람이 이런 문제를 가지고 있다고 말하는 것과 이런 문제를 가진 사람이라고 말하는 것은 그 사람을 전혀 다르게 보게 한다. 사람이 앞에 오면 뒤에 오는 문제는 상대적으로 작아지고, 문제가 앞에 오면 뒤에 오는 사람이 상대적으로 작아진다. 남편이 음주 문제가 있다고 말하는 것은 음주 남편이라고 말하는 것과 다르다.

일찍이 마하트마 간디는 폭력을 한 사람은 나쁜 사람이 아니라 더 좋은 기회를 가지지 못한 사람일 뿐이라고 했다. 이 말은 원래 나쁜 사람은 없고 사람은 누구나 선한데,

살면서 자기 마음에 드는 것을 평화적으로 얻는 방법을 보고 배우지 못하고 폭력적으로 얻는 방법만 배워 저렇게 된 것이라는 의미다. 그러므로 사람이 핵심이고 폭력이 부수적인 것이 되어 더 좋은 기회를 주면 얼마든지 변할 수 있다는 희망을 표현한 것이다. 이럴 경우 그를 대하는 사람은 더 좋은 기회는 무엇이 있을지, 어떻게 전하면 좋을지 고민하게 된다. 이에 비해 폭력하는 인간이라는 생각을 하게 되면 어떻게 하면 피할까만 고민하게 된다. 무엇을 앞에 두느냐가 무엇을 바라보는 시선을 결정한다.

사랑할 만큼
충분히 약한가

이어령 선생님이 돌아가시기 몇 달 전 같은 학교에 재직했던 선생님이 병문안을 갔다. 이런저런 위로의 이야기를 나누다 이어령 선생님이 말씀하셨다.

"선생님, 저는 평생 존경은 받았지만 사랑받지 못했어요."
"다 받으시지 않으셨습니까?"
"아니에요. 스승의 날이 되어도 제 연구실에는 꽃을 들고 찾아오는 제자가 없었습니다. 제가 어려웠던 거지요.

그래서 알게 되었습니다. 내가 사람들에게 존경은 받았지만 사랑받지는 못했구나."

사람은 자신과 너무 거리가 먼 사람을 존경할 수는 있어도 사랑하기는 어려운 존재다. 이 시대의 석학이며 천재인 이어령 선생님은 가까이 하기에 너무 멀고 뛰어난 분이라 제자나 사람들이 존경해 마지않았다. 사랑을 주고받으려면 어딘가 빈 구석이 있어야 하고, 나와 공통점이 있어야 한다. 실수도 하고, 어리숙한 면이 있어야 사랑을 주고받을 구멍이 생긴다. 너무 완벽하면 사랑이 들어갈 자리가 없다.

신학대학원에서 수사님들과 수업을 하다가 한 수사님의 보고서를 받은 적이 있다. 스스로 문제를 내고 답을 쓰도록 한 보고서에서 수사님이 낸 문제는 '나는 사랑할 만큼 충분히 약한가?'였다. 답으로 수사님은 이렇게 썼다. '완벽하면 사랑을 할 필요가 없다. 자신에게 모든 것이 다 있기 때문이다. 그래서 사랑은 신의 영역이 아니라 부족하고 약한 인간의 영역이다. 부족하고 약한 사람이 더 부족하고 약한 사람에게 주는 것이 사랑이며, 서로 약한 사람끼리 받는 것이 사랑이다. 요즘 나는 점점 강해지고 있다. 의식주를 수도원에서 해결해 주고, 신자들은 나에게 수사님이라면서 존경을 보낸다. 나는 두렵다. 나는 지금 사랑할 만큼 충분히 약한가를 날마다 나에게 묻고 있다.'

평범한 대부분의 사람들은 누군가에게 존경을 받기도 어렵고, 사랑을 받기도 어렵다. 둘 가운데 하나를 받을 수 있다면 무엇을 선택할 것인가. 인간이므로 기쁘지만 긴장되는 존경의 자리보다 같이 어우러지면 편안한 사랑의 자리에 앉고 싶다. 너무 뛰어나려고 노력하기보다 부족한 사람끼리 어울려 사는 것도 잘 사는 법 가운데 하나다.

진짜 미인은
美 in

미인도 등급이 있다는 게 내 생각이다. 얼굴이 고운 사람은 미인 중 가장 낮은 등급이다. 그런 미인을 예쁜 사람이라고 한다. 그보다 한 등급 높은 미인은 아름다운 사람이다. 아름다운의 어원은 '앓은 사람다운'과 '아는 사람다운'이라고 한다. 사람이 고통을 경험하고 아픔을 체험하면 속이 한 뼘 커진다. 더 성숙해져 다른 사람의 아픔을 더 많이 공감하게 된다. 그래서 아름다운 사람이 된다. 또 사물의 이치와 사람과 사람의 관계에 대한 원리를 아는 사람은 얼굴에서 깊이가 느껴진다. 그래서 역시 아름다운 사람이 된다.

아름다운 사람이 미인의 가장 높은 경지일 것 같지만 그 위에 한 등급 높은 미인이 있다. 그것은 우아한 사람이다. 아름다운 사람의 경험에 교양이 더해지면 우아한 사람이 된다. 걸음걸이에서 품격이 드러나고, 눈빛에서 교양미가 느껴지는 미인을 만나면 내가 더 괜찮은 사람이 된 것 같은 착각이 든다. 교양미는 매너만을 의미하지 않는다. 타인을 위한 따뜻한 말과 선행을 하는 태도를 포함한다.

이 모든 미인의 조건을 모두 겸비한 사람이 오드리 헵번이다. 오드리 헵번은 얼굴이 예쁠 뿐만 아니라 이혼의 아픔을 겪으면서 인간이 경험할 모든 쓰라린 비애를 겪었다. 이후 그녀는 가장 가난한 땅 아프리카에서 가난한 사람들에게 봉사하고 헌신하는 말년의 삶을 살아 우아한 사람으로 올라섰다. 세계가 지금도 오드리 헵번을 그리워하고 높이 사는 이유는 단지 얼굴만 예쁜 배우에 그치지 않고, 아름다운 여인을 거쳐 우아한 여성으로 성장하였기 때문이다. 얼핏 얼굴이 예쁘고 몸매가 아름다우면 미인의 전부라고 생각하지만 한 해 두 해 세월을 살아갈수록 진짜 미인은 겉뿐만 아니라 속이 아름다운 사람이라는 것을 알게 된다.

올해 나는 라디오 방송에 고정 패널로 출연하면서, 어여쁜 얼굴에 심장 이식 수술을 한 후 아름다운 사람이 되고, 돈을 버는 것이 아니라 사람들에게 기쁨과 평화를 선물하고 싶어 하는 우아한 오수진 아나운서를 만났다. 진짜 美in을 발견한 기쁨은 팍팍한 세상을 살맛 나게 만들어주는 명약이었다. 겉도 속도 아름다운 미인을 만나면 세상도 한결 밝아지고 환해진다. 덩달아 내 삶도 아름다워지고 있다. 진짜 미인은 '美out'을 넘어선 '美in'이다. 미인 아나운서 오수진님 파이팅!

제게 뜰을
빌려주실 수 있으신가요?

압구정동 입구에 아담한 중학교가 하나 있다. 이 학교 담벼락에는 유난히 예쁜 꽃과 푸른 잎들이 어우러져 있다. 작은 뜰을 살뜰하게 가꾸는 사람은 중학교 교사나 교직원이 아니라 중학교 길 건너편 아파트에 사는 여든이 넘은 할아버지다.

평소 소일거리가 없어 무료하게 하루하루를 보내던 할아버지는 한 번씩 나가 집 앞을 거닐다가 담장 앞에 작은 뜰이 방치되어 오가는 사람들이 버린 쓰레기와 잡초들로

흉하게 덮여 있는 것을 보게 되었다. 어릴 때부터 꽃을 좋아하고 집에도 화분을 두고 가꾸기를 좋아하던 그는 생각에 잠겼다. 며칠 후 중학교 교장선생님을 찾아갔다. 할아버지는 교장선생님에게 "제게 저 뜰을 빌려주실 수 있으신가요?"라고 물었다. 깜짝 놀란 교장선생님이 이유를 물었다. 할아버지는 "제가 저기 아파트에 살고 있는데, 자주 학교 앞을 오가다 보니 작은 뜰이 있는데, 지금보다 좀 더 아름다운 꽃밭으로 만들 수 있을 것 같아서요. 다행히 제가 어릴 때부터 꽃을 좋아하고, 가꾸는 걸 즐거워해서 이렇게 교장 선생님을 찾아와 부탁드리는 겁니다."

사실 그러지 않아도 이 뜰은 학부모들에게서도 어떻게 좀 했으면 좋겠다는 이야기가 흘러나오고 있었고, 청소하느라 골치가 아프던 참이었다. 교장선생님은 스스로 찾아와 꽃밭으로 만들겠다는 할아버지가 크리스마스 선물처럼 느껴졌다. 흔쾌히 할아버지의 제안을 허락하고 잘 부탁드린다는 말을 잊지 않았다.

몇 달 후 볼품없던 뜰은 할아버지 손끝에서 아름다운 꽃들로 만개한 새로운 뜰로 거듭났다. 어느새 학부모나 행인들이 일부러 찾아와 사진을 찍고 SNS에 소개하는 명소가 되었다. 할아버지는 날마다 물을 주고 잡초를 뽑고, 피어나는 꽃을 보며 새로운 낙이 생겨 점점 웃음이 늘어났다. 식물마다 이름표를 붙이고 한 글자 한 글자 설명을 써서 코팅까지 해서 달았다.

마종하 시인은 '딸에게 주는 시'에서 말 잘 듣는 사람도 말고, 공부 잘하는 사람도 말고 관찰을 잘하는 사람이 되라고 노래했다. 살면서 기쁨을 느끼기 위해 필요한 덕목은 내 주위를 살펴볼 수 있는 관찰력이다. 내가 사는 집, 동네를 살펴보면 기쁨을 찾을 곳이 많다. 그것을 보물찾기하듯 찾아 즐기는 일을 해 나가면 어둡기만 하던 일상에 낙이 찾아온다. 내 뜰은 지금도 내가 자기를 찾아내기를 기다리고 있다.

좋은 삶이
좋은 말이다

임영웅 가치가 천억이래. 그렇게 말하는 아내 얼굴이 밝았다. 동네를 산책하며 아내는 임영웅 미담을 하나둘 말했다. 노래 말고 임영웅 어디가 좋냐고 물었더니 아내는 대뜸 사고 치지 않는 게 좋다고 했다.

구설에 오를 말을 한 적도 없고, 행동을 한 적도 없다는 게 좋은 이유라니. 아내는 그것이 임영웅을 좋아하는 이유란다. 그러고 보니 조금 유명해지면 이런 구설 저런 구설이 주렁주렁 연예인을 따라 다니기 시작한다. 과거에 이렇게 살았단다, 지금 이런 소송이란다, 사실은 이런 썸씽이 있단다로 이어지는 구설이 여기저기로 떠다닌다.

임영웅은 다들 나오려고 애쓴다는 예능 프로그램에 나와 입담을 맛깔나게 보인 적도 없고, 연예 뉴스에 나올만한 기사 거리가 된 적도 없다. 그럼에도 많은 사람들이 임영웅을 좋아하고, 그가 잘 되는 것을 기뻐한다. 이유는 간단하다. 미워할 짓을 하지 않기 때문이다. 노래도 좋은데 삶도 좋다는 이미지가 임영웅에게 있다. 그것이 임영웅의 가장 큰 브랜드 가치다. 걸리는 것이 없다는 건 뛰어난 노래와 함께 대중에게 사랑받는 양대 기둥이다.

우리는 입에서 나오는 것만 말이라고 생각한다. 하지만 몸에서 나오는 것도 말이다. 입말보다 더 믿음을 주는 건 몸말이다. 몸말이 좋은 사람은 입말이 어눌하거나 서툴더라도 신뢰를 얻는다. 반대로 입말은 화려하지만 몸말이 좋지 않은 사람은 경멸의 대상이자 불신의 대상이다. 그래서 가장 좋은 말은 입말이 아니라 몸말이다. 좋은 삶이 좋은 말이다.

인도의 성인으로 일컬어지는 간디에게 기자가 국민들에게 전하고 싶은 메시지가 없냐고 물었을 때, 간디의 대답은 짧고 명료했다. "내 삶이 메시지입니다." 가장 강력하고 영향력이 큰 말은 내 삶이라는 뜻이다.

나도 아내도 임영웅이 오래도록 돈도 많이 벌고 잘 살기를 바란다. 지금처럼 좋은 삶으로 팬들에게 좋은 메시지를 전하면서 산다면 점점 더 사랑받는 국민 영웅으로 살아갈 수 있을 것이다. 국민 앞에서 능수능란하게 정의를 말하면서 뒤로 부정 축재나 특혜로 얼룩진 일부 정치인에 비하면 임영웅의 구설 없는 일상은 맑은 향을 전하는 메시지다. 좋은 말을 하고 싶다면 먼저 좋은 삶을 살면 된다. 임영웅 파이팅!

날 너무
사랑해서 그래요

사랑과 집착은 종이 한 장 차이다. 그러다 보니 집착을 심한 사랑이라고 착각하는 경우가 적지 않다. 실직한 어떤 남편이 아내가 일을 갔다 오면 아침부터 돌아올 때까지 누구를 만나고 무슨 말을 했는지 이실직고하라고 윽박질렀다. 하루 이틀이 아니라 몇 달 동안 매일 이런 일이 지속되자 아내는 견디기가 어려웠다. 집에서 남편이 쉬고 있으니 스트레스를 받아서 그런가, 아니면 정말 자기가 누구를 만나 무슨 말을 하고 무엇을 했는지 궁금해서 그런지 알 수가 없었다. 상담실을 찾은 아내에게 남편이 왜 그런 것 같으냐고 물었다. 상담소에 오는 길에 스스로에게도 물어보았다면서 말했다.

"남편이 날 너무 사랑해서 그래요."

아내에게 사랑과 집착의 차이가 무엇 같으냐고 물었다. 아내는 사랑이 심해지면 집착이 되는 거 아니냐고 반문했다. 그러나 사랑은 사랑이고, 집착은 집착일 뿐 사랑이 집착이 될 수는 없다. 집착 역시 사랑이 아니다. 사랑은 너를 위한 말과 행동이다. 이에 비해 집착은 나를 위한 말과 행동이다. 고양이는 쥐에게 집착하는 것이지 사랑하는 것이 아니다. 고양이 먹이로 필요한 쥐에 대해서 고양이가 보이는 행동이 집착이다. 이에 비해 우리가 난을 키울 때 우리는 난에게 물을 주고 잎을 닦아주면서 정성을 다한다. 이것은 난에 집착하는 것이 아니라 난을 사랑하는 것이다. 난과 공감하면서 난이 좋아하는 때에 좋아하는 물을 주고 햇살을 주는 것이 사랑이다.

아내에게 남편의 행동이 고양이 같은지, 난을 가꾸는 사람 같은지 물었다. 그제야 아내는 남편이 매일 같이 자신이 그토록 싫어하는, 제발 그만하라고 말하는 일거수 일투족을 확인하고, 조금이라도 이해가 안 되면 윽박지르던 행동이 고양이가 쥐를 대하듯 자신만을 위한 행동, 곧 집착이라는 것을 알겠다고 했다. 스토킹은 사랑이 아니다 자신의 욕심을 채우기 위해 상대에게 집착하여 괴롭히는 폭력일 뿐이다. 지독한 사랑이 될 수 없다.

사랑은 허다한 거짓을 벗겨내는 신비한 명약으로 사랑을 하는 사람에게도 받는 사람에게도 어떤 괴로움을 주지 않는다. 사랑과 집착은 종이 한 장 차이지만 종이 한 장은 어마어마하게 두껍다.

의사도
희한하다카네

　오래 사는 데 몸과 마음 가운데 무엇이 더 중요할까. 이렇게 생각하면 몸 같기도 하고, 저렇게 생각하면 마음 같기도 하다. 몸을 천금처럼 여기고 사는 사람을 보면 몸을 건강하게 잘 관리하는 게 장수의 비결이다 싶기도 하고, 마음을 소중하게 살피면서 사는 사람을 보면 마음을 잘 관리하는 게 장수의 비결이다 싶기도 하다.

　고향에 칠순 사촌 형님이 계시는데 골초에다 이틀 건너 한 병씩 소주를 드신다. 우리 형제들이 갈 때마다 술 좀 줄

이세요. 담배 좀 덜 피우세요. 건강이 염려되어 잔소리를 잊지 않고 한다. 그런데 형님 반응이 언제나 한결같다. 괜찮애. 괜찮애.

저러다 언젠가 담배로 폐암, 술로 간암 오겠다 싶어 걱정이었다. 그런데 그런 걱정을 한 세월이 20년이다. 형님은 언제나 그 마음 좋은 얼굴로 싱글벙글 담배를 피우고 술을 마셨다. 얼마 전 시골에 갔을 때 형님에게 건강검진은 받아보았냐고 물었다. 그러자 형님은 가끔 병원에 가서 검사를 받는데, 의사가 고개를 흔든단다. 장기가 모두 멀쩡하단다. 그러면서 이렇게 말했다.

"괜찮애. 까딱 없다네. 의사도 희한하다 카더라고. 그 정도 마시고 피우면 어디가 탈이 나야 되는데 안 난다고. 왜 안 나는 줄 아나? 나는 걱정이 없어. 애들도 다 지 앞가림 하고 속을 안 썩이지. 옆에 마누라 있어서 같이 밭일 하지. 부자는 아니라도 내가 매일 나가서 일 할 논이 있고, 밭이 있지. 여기는 동네 사람들도 다 나를 좋아하지. 내가 뭔 걱정이 있노. 그래서 기분 좋아서 동네 사람들하고 한 잔씩

하고, 기분 좋아서 담배도 피우거든. 밭일 하면 고단하기도 하고 흐뭇하기도 하단 말이야. 그때 피우는 담배 맛이 얼매나 좋은동 몰래."

형님을 보며 한 때 우리 사회에서 이상구 박사가 돌풍을 일으켰던 엔돌핀 이야기가 떠올랐다. 신바람 나게 하는 엔돌핀이 형님 몸에서 마구 솟아나고 있었던 거다. 엔돌핀의 힘이 해로운 담배도 주저앉히고, 독한 술도 가라앉히며 20년을 허허 웃으며 사는 형님을 만들었구나. 형님 이야기를 들으며 사람이 걱정이 없이 즐겁게 담배를 피우고 술을 마시니 건강도 덜 상한다는 걸 알 수 있었다. 몸과 마음은 둘 다 중요하다. 그리고 하나로 연결되어 있다. 마음이 편하니 몸도 편하다. 그 후 나는 형님을 떠올릴 때마다 나도 의사가 희한하게 여기는 사람이 되는 소망 하나를 꿈꾸곤 한다.

미워하면
너만 손해야

살다 보면 미운 사람이 꼭 생긴다. 우연히 라디오를 듣다가 아무도 미워하는 사람이 없다는 할아버지 사연을 들었다. 신부님이 강론 중에 '여기 오신 분들 가운데 아무도 미워하지 않는 분이 계시냐?'고 물었더니 할아버지가 손을 번쩍 드셨다. 정말이냐고 묻는 신부님에게 할아버지가 말했다. "젊을 때는 미운 놈들이 있었어요. 그런데 지금은 다 죽어버렸어요. 그래서 지금은 미운 사람이 아무도 없어요."

이런 경우가 아니라면 떠올릴 때마다 미워하는 마음이

생기는 사람이 있게 마련이다. 미워하는 것은 에너지를 많이 쓰는 것이라 누군가를 떠올리며 미워하는 순간 전투신경인 교감신경이 활성화되면서 좋지 않은 기운이 온몸을 휘저으며 돌아다니게 된다. 그래서 미워하는 사람이 많거나, 한 사람을 오래 미워하면 미움 받는 상대가 상하는 게 아니라 미워하는 내 몸과 마음이 상하게 된다. 마치 내가 독약을 먹고 상대가 죽기를 바라는 것과 같은 이치로 미워하는 내가 건강을 잃게 된다.

어느 젊은 신부님이 미워하는 사람이 생길 때 어떻게 해야 하는지에 대해 명쾌한 답을 주셨다. 신부님은 말했다. "상대의 죄를 내 안으로 가져오지 마세요." 나는 그 말이 무슨 말인가 했다. 신부님 이야기에 의하면, 그 사람이 가진 내 마음에 들지 않는 부분을 내가 자꾸 생각하고 곱씹는 것이 그 사람의 죄를 내 안으로 가져오는 것이다. 그럴 때는 그 사람을 위해서 기도를 하라고 했다. 기도 내용은 이러했다. "하느님, 저 사람 저렇게 살다 죽으면 지옥 갈 텐데 너무 불쌍하잖아요. 하느님. 저 사람 죽기 전에 변할 수 있게 도와주세요."

신부님 이야기는 미워하는 사람을 대하는 법에 대해 내가 지금까지 들어본 이야기 가운데 최고였다. 그 사람의 잘못을 곱씹느라 나는 지금까지 얼마나 많은 독성 가스를 내 속으로 발포하고 있었던가. 이제 그렇게 하지 않을 방법을 알았으니 사용하지 않을 이유가 없었다. 그 후로 조금이라도 나에게 해롭게 하거나 불친절하게 하는 사람을 만나면 즉시 이렇게 시작하는 기도를 드렸다. "저 사람 저렇게 살다 죽으면 지옥 갈 텐데." 효과는 기대 이상으로 좋았다. 속이 후련했다. 또 내가 뭐라도 되는 것처럼 우쭐한 마음도 들었다. 그리고 정말 그 사람을 위하는 마음마저 들었다. 불쌍하기도 했다. 미워하는 사람에게는 기도가 짱이다. 저렇게 살다 죽으면…. 아, 시원해.

거울로
저를
보는 줄 알았어요
━━━━━━━━

 나조차 나를 사랑하지 않는데 누가 나를 사랑해 줄 것인가. 나는 자주 나에게 이 말을 한다. 우리 사회에서는 겸손을 중요한 미덕으로 여긴다. 그러다 보니 다른 사람 앞에서 자기를 낮추는 것을 괜찮은 사람의 조건으로 생각하는 경향이 있다. 하지만 겸손이 지나치면 비굴이 되고, 비굴이 지나치면 왜곡이 된다.

 하는 일이 강의와 상담이다 보니 좋든 싫든 많은 사람을 만나게 된다. 사람들은 모두 다른 얼굴과 표정을 가지고 있다. 어떤 사람은 첫눈에 무섭거나 괜히 싫은 느낌이 들기도 하고 반대로 정이 가고 호감이 가기도 한다. 싫은 느낌이 들면 속으로만 생각하고 겉으로 표현을 삼간다. 좋은 느낌이 들면 겉으로도 표현하고 싶은 마음이 든다. 그럴 때 나는 자주 "인상이 참 좋으시네요. 거울로 저를 보는 줄 알았습니다." 하고 말을 건넨다. 그러면 십중팔구 환하게 웃음을 터트린다. 어떤 경우는 "참 재미있는 선생님이시네요." 하면서 맞장구를 쳐주신다.

겸손이 미덕인 사회에서 당신이 얼마나 좋은 인상이냐 하면 나와 같은 인상이라고 말하는 사람을 보면 신기하기도 하고 즐겁기도 하다. 이 사람 자신에 대해 무척 자신이 있는 사람이구나. 자기 표정을 사랑하는 사람이구나 싶어 유쾌하고 재미있기도 하다. 부끄러워하지 않고 그렇게 말하는 사람이 살짝 부럽기도 하다.

그런데 이 말을 하고 나면 듣는 사람만 유쾌한 것이 아니라 말한 내가 더 유쾌해진다. 상대가 웃음으로 반응해 주기에 나도 웃음이 나온다. 그러면서 속으로 '그래, 내가 괜찮은 사람이라니까. 내 인상이 좋다니까.' 하고 자신에게 자신이 멋진 사람이라는 것을 확인시켜 준다. 나아가 이런 말을 앞으로도 계속 하고 싶다는 바람이 생긴다. 그러려면 더 잘 살아야겠다는 다짐도 든다.

살짝 말을 바꾸어 인상 좋은 여자분을 만나면, "여자 이서원인 줄 알았습니다." 하고 말하기도 하고, 어린 사람을 만나면, "어린 이서원인 줄 알았네." 하고 유머스럽게 말한다. 그러면 "아하… 네에." 하며 약간은 기가 막힌 듯 웃는다. 이렇게 나도 살리고 말을 듣는 상대도 살리는 말을 아낄 필요가 없다. 겸손이 미덕인 사회라서 자신에 대해 당당한 사람이 오히려 더 좋게 보이기도 한다. 좋은 사람을 만나면 쑥스럽지만 한 번 말해보자. 거울로 저를 보는 줄 알았습니다. 감히 흥행을 보장한다.

이순신 장군 옆 병졸1

    부부캠프 진행을 위해 내려간 곳에서 사람 좋아 보이는 청년 실무자를 만났다. 100kg이 넘는다는 몸에 환한 웃음이 보는 사람을 따라 웃게 하는 매력이 있는 청년이었다. 상담소에 들어온 지 한 달이 채 안 된다는 청년은 연신 싱글벙글 웃으며 캠프에 온 부부들을 웃기고, 분위기를 편안하게 만들어주었다.

    군대를 전역한 지 얼마 되지 않는다고 해서, 어디서 군 생활을 했느냐고 물었더니 군복이 몸무게를 감당하지 못해,

주민센터에서 상근으로 출퇴근하면서 군 생활을 했다고 했다. 그 말이 재미나서 농담을 했다.

"전생에 나라를 구했나 봐요."

그러자 청년은 생글거리면서 말했다.

"예, 제가 이순신 장군 옆에 있던 병졸1이었던 것 같습니다."

재치 있는 대답에 나도 거들었다.

"저 기억 안 나요? 병졸2!"
"아, 이제 기억이 납니다. 이게 얼마만입니까?"

그날 부부캠프는 청년 덕분인지 순조롭게 진행되었다. 그날 이후 나는 이순신 장군 옆 병졸2가 되었다. 아내와 잘 산다는 이야기를 하면, 전생에 나라를 구하셨나봅니다 하는 소리를 듣는다. 좋은 일을 이야기할 때도 전생 나라

구한 덕담이 들려온다. 그럴 때마다 이제는 병졸2라는 나의 소속을 분명하게 밝힌다.

점점 내 주변에 병졸3, 병졸4가 늘어나는 느낌이다. 전생에 이순신 장군이라고 말하기는 너무 외람되고 교만하다. 병졸2라고 말하니 아무 부담이 없고, 즐겁다. 때로는 정말 병졸2로 장군의 마지막 전투에서 전사하는 모습을 보며 눈물을 흘렸던 게 나라는 생각마저 든다.

전생에 나라를 구하는 방법도 여러 가지가 있다는 걸 유쾌한 청년을 만나 알게 되었으니 그날 캠프는 내가 소중한 것을 배운 날이었다. 반드시 이순신 장군처럼 큰일을 하는 것만 나라를 구하는 것이 아니다. 작고 소중하게라도 큰일 하는 분을 도왔다면 나라를 구하는데 일조한 것이다. 이 생에서도 나는 병졸2가 환생한 모습으로 시민2로 살아가고 있다. 다음 생도 좋은 사람2로 살 수 있기를 희망하면서.

내 걸
만들잖아요

생방송 전화 상담 프로그램에 고정으로 출연할 때 만난 피디는 젊은 피디였다. 많지 않은 보수를 받는 방송국에서 일하는 피디라 이런저런 고충도 있을 법한데 피디의 얼굴은 늘 생기가 넘쳤다. 자신의 끼를 마음껏 발휘하기 위해 애쓰는 모습이 옆에서 보기에 즐거워 보였다. 나는 보수 외에 그를 이토록 신나게 만드는 이유가 무엇인지 궁금했다.

"피디님, 제가 궁금한 게 하나 있어요."
"네, 뭐죠?"

"피디 하면 뭐가 제일 좋아요?"
"아 그거요. 내 걸 만들잖아요."

내 걸 만든다는 대답에 고개가 끄덕여졌다. 공장에서 찍혀 나오는 제품처럼 우리는 삶의 대부분을 남의 것을 만들며 살아간다. 어릴 적엔 엄마가 원하는 공부를, 커서는 회사가 원하는 일을 나의 것인 양 착각하며 살아간다. 하루에도 몇 번이나 사표 쓸 생각이 들지만 목구멍이 포도청이라 먹고 살아야 하니 어쩔 수 없이 이러고 다닌다는 이야기를 두 사람 건너 한 사람에게 듣는 세상이다.

내 걸 만들면 아무리 적은 보수를 받아도 신이 날 수밖에 없다. 세상에서 제일 재미있는 일은 내가 내 걸 만드는 일이다. 제일 의미 있는 일은 내가 만든 것을 남들이 좋아하고 남들에게 좋은 영향을 주는 일이다.

피디의 성향과 생각에 따라 자유롭게 프로그램 코너를 만들고, 출연자를 섭외하고, 청취자를 모아 방송으로 내보내는 일은 순간순간 피가 마르는 스트레스를 유발한다.

하지만 내 것을 만들고 있다는 생각 하나가 이 스트레스를 몸에 해로운 디스트레스로 만드는 것이 아니라 이로운 유스트레스로 만든다.

내가 내 걸 만들어 나의 자아실현을 하고, 그 결과물로 사회에 기여하는 삶은 사람으로 몸 받아 우리가 할 수 있는 최상의 삶이다. 젊은 피디는 큐를 외칠 때도, 방송을 마친 출연자에게 최고였다고, 수고했다고 말할 때도 눈빛이 별빛이 되어 반짝이고 입은 미소로 활짝 피어났다. 내 걸 만드는 게 이렇게 신나는 일이구나. 젊은 피디를 보며 내가 나로 사는 것이 얼마나 기쁜 일인지 또 한 수 배울 수 있었다.

3장

우리를 살리는 말

우리니까
해내는 거야

 명동에 평화방송국이 있다. 하루 평균 25만 대의 차가 성당과 방송국 사이 길을 지나간다. 차를 타면 바로 보이는 벽에 대형 광고판이 걸려있다. 코로나가 기승을 부리던 어느 날 방송국에서 나에게 시민들에게 용기를 줄 수 있는 말을 광고판에 나오게 하고 싶다고 부탁을 했다. 나는 '너니까 견디는 거야. 우리니까 해내는 거야'라는 문장을 드렸다. 이 문구는 몇 달 동안 광고판에 붙어 오가는 운전자들과 보행자들이 보았다. 그 글을 보고 위안과 용기를 얻었다는 시민들이 많았다고 한다.

내가 이 말을 처음 한 것은 시간강사 시절이었다. 대학에서 조사방법론을 강의하는 나에게 선배가 아침마당 10주년 조사를 하는데 학생들에게 전화조사를 좀 하도록 해 달라고 부탁했다. 예나 지금이나 학생들은 이렇게 과제처럼 떠안는 조사를 싫어한다. 마지못해 하게 되더라도 건성으로 해서 제출하기 일쑤다. 이 사실을 잘 알고 있던 나는 한참 고민한 후 선배가 건네는 두꺼운 설문지를 받았다. 강의 시간에 나는 학생들에게 이렇게 말했다.

"너희들 아침마당이란 대한민국 아침 대표방송 알지. 거기가 지금 10주년이 되었는데 한국 가족 조사를 한다네. 그 방송이 워낙 대표방송이고, 이 조사가 워낙 중요한 조사라서 우리가 조사를 하게 되었어. 조사 한 번 해보고 싶은 사람 손들어봐라."

그 말을 들은 아이들 얼굴에 비치는 자부심이 보였다. 거의 대부분의 아이들이 손을 들었다. 나는 짐짓 곤란한 표정으로 "안 돼. 꼭 할 사람만 해야 해." 하고 가장 높이 손을 든 학생들에게 설문지를 나누어주었다. 조사를 마치고 설문지를 회수해 선배에게 주었더니 설문지를 검토하다 놀란 목소리로 물었다. "너 무슨 요술을 부렸기에 이렇게 충실하게 조사들을 했냐?" 나는 영업비밀이라며 내가 한 말을 알리지 않았다. 조사비용을 조사한 아이들에게 나누어주면서 내가 말했다. "이 어려운 조사, 우리니까 해낸 거야." 아이들이 하이파이브를 하며 큰 박수를 쳤다.

사람들은 늘 내가 할 수 있을까 의구심을 자신에게 품으면서 사는 취약한 존재다. 그런 사람에게 '너니까 견디는 거야. 우리니까 해내는 거야'라는 말은 커다란 힘과 용기를 주는 말이다. 살다가 어려운 일이 생길 때마다 나와 가까운 사람들에게 말하면 힘이 생긴다. 가족에게 직장 동료에게 감초처럼 쓸 수 있는 아름다운 말이다.

집에는
바람 안 불디?

　코끝이 찡해지는 글을 만날 때가 있다. 언젠가 아버지를 그리워하는 시인의 시를 읽다가 코끝이 찡해졌다. 철없던 젊은 시절 밖으로 나가다 밭에서 일하는 아버지를 만났는데 아버지가 묻더란다. 어디 가느냐고. 바람 쐬러 간다고 했더니 아버지가 그러더란다. "집에는 바람 안 불디?"

　하라는 공부는 하지 않고, 껄렁껄렁한 친구들 만나러 시도 때도 없이 나가는 아들을 보면 어느 아버지 입에서 고운 소리가 나가겠는가. 당연히 쓴소리를 넘어 거칠고 험한 소리가 나가기 마련이다. 때로는 욕설을 한바탕 퍼붓기도 한다. 그런데 이 시의 아버지는 아들에게 야단도 치지 않고, 욕도 하지 않고 점잖게 허를 찌르며 농담을 던진다. 집에는 바람이 안 불더냐. 이 말을 듣는 아들은 어떤 마음이 들었을까. 아마 피식 웃음이 나왔을 것이다. 그러면서 그렇게 말하는 아버지가 고마웠을 게 틀림없다. 자기가 무슨 잘못을 하는지 아는 사람에게 넌지시 농담을 던지면 야단맞을까 두려워하던 마음이 눈 녹듯이 사라지고, 그 자리에 고마운 마음이 살며시 찾아든다. 고마운 마음과 함께 슬쩍 찾아오는 마음은 아버지를 신경 쓰게 해서 미안하다는 마음이다.

사람의 마음은 묘해서 자기가 무엇을 잘못할 때 다른 사람에게 싫은 소리를 들으면 반성하는 것이 아니라 반발하게 된다. 그리고 방귀 뀐 놈이 성낸다고 도리어 화를 내면서 자신의 잘못을 돌아보지 않는다. 그런데 이 아버지처럼 나무라지 않고, 그 행동에 대해 부드럽게 언급하는 말을 들으면 고맙고 미안해 반성을 하게 된다. 그리고 스스로 자신의 행동을 바꾸려는 자발적인 노력을 하게 된다.

내가 싫어하는 행동을 상대가 할 경우 그것을 고치는 방법은 의외로 간단하다. 내 말에 그 사람이 고맙고 미안한 마음이 들게 하면 된다. 고맙고 미안한 마음은 사람의 깊은 속마음을 건드려 스스로를 돌아보게 한다. "너도 마음이 안 잡혀서 그러는 거지. 그러고 싶어서 그런 거겠냐."라는 말로 잘못을 저지른 아이 마음을 읽어주면 어지간한 강심장의 아이가 아니라면 눈물이 흐르는 법이다. 내 마음을 헤아려주고 다독여주는 부모 앞에서 반발하고 저항하고 싶어 하는 자식은 없다. 흔히 잘못을 지적하고 나무라면 반성할 것 같지만 천만의 말씀이다. '집에는 바람 안 불디.' 넉넉하게 그렇게 말할 수 있는 부모가 좋은 부모다. 좋은 부모 되기 참 어렵다.

우리
열 번이나
볼 수 있을까

　사람은 관계에 살다 관계로 죽는 존재다. 그런데도 관계를 소홀히 여기는 경우가 많다. 고등학교 친구가 멀리 부산에서 병원을 개업하여 지내고 있었다. 어쩌다 일이 있어 부산에 가면 몇 년에 한 번 봤다. 어느 날 저녁을 먹으면서 내가 말했다.

　"야, 우리가 보면 앞으로 몇 번이나 보겠니. 열 번이나 볼 수 있을까?"

친구는 그 말을 듣고 잠시 생각에 잠기더니 말했다.

"그래, 네 이야기를 듣고 보니 그렇다. 진짜 우리 앞으로 열 번이나 볼 수 있을까 싶네."

그렇게 이야기가 오가자 우리 둘은 갑자기 우리 둘의 이 만남이 더없이 소중하다는 느낌이 들었다. 다시 없을 역사적 만남을 만나고 있다는 생각까지 들었다. 그날 저녁은 다른 날 함께 먹은 저녁과 사뭇 달랐다.

그런 말을 주고받기 이전만 해도 우리 두 사람은 만나고 싶은 마음이 있으면 언제라도 만날 수 있는 게 우리라는 생각을 했었던 것 같다. 그러면서 사는 것이 바빠 까맣게 잊고 몇 년을 만나지 못한 채 휙휙 지나치곤 했다. 열 번이나 볼 수 있을까. 그 한마디가 그날부터 우리 둘의 관계를 새롭게 조명하도록 만들었고, 더 긴밀하고 친밀하게 연결시켜주는 가교 역할을 했다.

이후로 우리는 더 자주 만나려고 의식적인 노력을 하게

됐다. 친구는 서울에 세미나가 있어 오면 가급적 나에게 연락을 해서 식사를 함께 하려고 노력했고, 나도 부산에 가면 마찬가지였다. 평생 열 번도 보지 못했을 뻔한 우리는 이제 몇 년 사이에 열 번 가까이 보고 있다. 말 한마디가 무엇이라고 우리 관계를 이렇게 살뜰하게 만들어주는지 신기할 뿐이다.

사람의 말은 서로를 멀어지게도 하지만 더 가까이 끌어당기기도 한다. 그날 밤 우리가 나눈 말은 서로를 끌어당기는 말이었다. 소중한 사람이 있다면 한번 슬쩍 물어보면 어떨까. "우리 앞으로 열 번이나 볼 수 있을까요?" 우리처럼 더 좋은 일이 생길지 어떻게 알겠는가.

마음이
가난해서 그래

지능이 조금 떨어지는 아이를 둔 엄마는 늘 마음이 두근거렸다. 학교에 가서 아이들에게 놀림을 당하지 않을까 싶은 걱정이 마음 한구석에 있었기 때문이다. 아니나 다를까 학교에 가고 얼마 지나지 않아 아들이 말했다.

"애들이 나를 자꾸 놀려. 왜 그래?"

엄마는 가슴이 덜컥 내려앉았다. 올 것이 왔구나 싶었다. 마음을 가라앉히며 아들에게 말했다.

"그건 애들 마음이 가난해서 그래."

"아, 밥 적게 먹은 것처럼?"

"그래, 마음도 좋은 마음을 적게 먹으면 가난해져."

"그럼, 나는 마음이 부자야?"

"그럼. 너는 좋은 마음을 많이 먹어서 좋은 말을 하잖아."

"그럼 애들은 불쌍한 애들이네."

"그렇지. 마음이 가난하면 불쌍하지. 친구에게 예쁜 말 많이 하고, 좋은 말 많이 하는 사람이 마음 부자야."

아들은 엄마 이야기를 듣고 얼굴이 밝아졌다. 친구들이 왜 그런지 알게 되었기 때문이다. 그 후로 아이는 바보라고 놀리는 친구가 있으면 얘도 마음이 가난한 아이구나 싶어 불쌍한 마음이 들었다. 엄마 말을 듣기 전에는 화가 나고 한 대 때려주고 싶었는데, 불쌍하다는 마음이 드니 그런 마음이 생기지 않았다.

하늘에서 땅으로 올 때 사람은 누구나 마음이 가난하다. 그런 마음을 부자로 만드는 것은 자기 자신이다. 사람들은 처음에는 재산이 많고 높은 사회적 지위를 가진 사람 곁에 모이고 싶어 하지만 그 사람 마음이 가난하면 어느새 하나둘 떠나간다. 그런 말을 듣는 자신의 마음이 가난해지기 때문이다. 마음이 가난한 사람이 제일 가난한 사람이다.

열일곱까지는
속 썩여요

중3 딸과 힘겨루기와 전쟁을 하던 엄마가 두 손 두 발 들고 병원에 입원했다. 아무도 만나고 싶지 않았던 엄마는 오히려 병원에 입원한 것이 다행이라는 생각이 들었다. 우울한 두 달이 지나고 있었다. 그때 맞은편 침상에 베트남 중년 여자 환자가 눈에 보였다. 처음에는 어색하게 눈인사만 나누었지만, 시간이 지나자 서로 익숙해지면서 조금씩 말을 건네는 사이로 발전했다.

예상보다 베트남 여성은 한국말을 곧잘 했다. 그런데 처음 건넨 말이 예사롭지 않았다. "딸 때문에 마음고생이 심하시네요." 하고 말을 했기 때문이었다. 딸이 한 번 면회 온 적도 없고, 딸이 있다는 사실을 말한 적도 없는데 그런 말을 하다니 귀신에 홀린 기분이 들었다. 어안이 벙벙해 있는 엄마에게 베트남 여성이 말을 이었다. "그런데, 그 딸 열일곱까지는 속 썩여요."

알고 보니 베트남 여성은 영매였다. 우리 문화로 말하면 용한 점장이 같은 사람이었다. 자신도 그런 능력이 자신 안에 있다는 것을 몰랐는데, 사람을 바라보면 속에서 그런 소리가 자신도 모르게 올라온다는 것이다. 그게 사실이건 아니건 그건 그리 중요하지 않았다. 딸이 열일곱 살까지 속을 썩일 거라는 말이 번개처럼 머리를 쳤다. 그럼 이제 1년만 지나면 되는 것 아닌가. 그 후에 더 속을 썩이지 않을 거라면 그 후를 생각하며 딸과 지내면 그만이겠다. 그렇게 마음 정리를 하자 더 이상 병원에 있을 필요가 없었다.

퇴원한 엄마는 딸을 이전과 다르게 대하기 시작했다. 열여덟 살 된 딸을 대하듯, 참견과 간섭을 끊었다. 딸과 사이가 극적으로 좋아지기 시작했다. 가만히 떨어져 보니 딸은 엄마에게 감정이 있는 것이 아니라 마음대로 안 되는 자기 생활에 몹시 불안해하고 불만이 가득해 그걸 엄마에게 쏟아내고 있을 뿐이었다.

베트남 여성 말대로 열여덟이 되자 딸의 방황도 끝이 났다. 엄마는 병원에 입원한 기회를 하늘이 주신 선물이라고 생각했다. 알고 당하는 고통은 덜 힘들다. 열일곱까지는 속 썩인다는 그 말 한마디에 엄마는 위안 받고, 딸과의 전쟁을 멈추고, 건강한 거리가 무엇인지를 알게 되었다. 엄마가 가장 듣고 싶어 했던 말은 언제까지 이 고통이 이어질까에 대한 답이었을지 모른다. 베트남분의 한마디는 귀한 말 선물이었다.

매너는
어디 있니?

2호선 지하철이 막 출발하려는 찰나 아주머니 한 분이 양손에 보따리를 들고 돌진하더니 닫히는 문에 얼굴부터 들이밀었다. 순간적으로 아주머니 몸은 밖에 있고 머리만 문에 끼어 안에 있게 되었다. 깜짝 놀란 승객들에게 아주머니가 외쳤다.

"이거 신설동 가요?"

승객들 웃음이 터졌다. 문이 곧 열리자 아주머니는 아무

렇지도 않은 듯 보따리를 툴툴 털며 냉큼 빈자리를 찾아 앉았다. 우리는 급하다. 뭐가 급하냐고 물어보면 모든 게 다 급하다고 말한다. 먹는 것도, 무얼 하는 것도 심지어 놀러 가는 것도 급하다.

성급함은 여유를 모른다. 그래서 여유가 필수인 정중함을 모른다. 정중함은 다른 말로 예의라 부른다. 예의가 없으니 함부로 말한다. 함부로 말한다는 것은 앞뒤가 없이 "이거 신설동 가요?"라는 말로 표현된다. 정중하게 말한다면, "저기 죄송한데, 말씀 좀 여쭤볼게요. 이 지하철 신설동 가는 지하철 맞는지요?"가 된다. 그리고 맞다는 대답을 들으면 "알려주셔서 고맙습니다."가 따라 나온다.

그래서 우리 사회의 말은 '본론사회'의 말이다. '했냐, 안 했냐'는 본론이 제일 중요한 사회가 본론사회다. 앞 뒤 사정이 별로 중요하지 않다. 일을 했는지, 안 했는지만 빨리 알고 싶어 한다. 이런 본론사회에서 서론과 결론은 사치에 불과하다. 외국에 나가면 사람들은 무엇을 물어볼 때 거의 예외 없이 'Please'라는 말을 앞에 붙인다. 그리고 반드시

'Thank you'라는 말로 마무리한다. 서론과 결론이 본론만큼 중요한 사회다. 정중한 매너가 말 습관이 되어 있다. 매너 없게 말하는 사람이 적다 보니 그런 사람에게는 너의 매너는 어디에 있냐(Where are your manners?)고 묻는다.

먹고 사는 것에 목을 매던 시절이 지난 지 오래되었건만 우리는 여전히 빨리빨리 마음으로 살고 있다. 우리 매너는 늘 본론 속에 매몰되곤 한다. 신설동 가는 게 급한 본론인 아주머니에게 서론과 결론인 매너는 사치에 불과하다. 마음 습관이 말 습관을 만든다. 이제 우리도 천천히 가도 된다는 마음 습관을 들일 때가 됐다. 그럴 때 매너는 정중함으로 내 곁에 머문다. 매너는 어디에 있는가. '조금 천천히'에 있다.

아, 그래, 정말

이상한 노릇이지. 이 사람만 만나면 뭐든 다 털어놓게 되니. 그녀는 내가 무슨 말을 하면 "아, 그래요?" 하고 받았다. "그런 거예요?" 하기도 했다. 가장 자주 하는 말은 눈을 크게 뜨면서, "정말이에요?" 혹은 "진짜?"라고 했다. 그러면 하지 않으려고 속에 담았던 말도 그녀에게 다 털어놓게 되었다. 아, 그래. 이게 정말 이상한 노릇이란 말이지.

이상한 노릇이 반복되자 세 가지 말이 가진 힘에 대해 점점 호기심이 생기기 시작했다. '아, 그래, 정말' 세 말의 공통점은 자신의 답이 없다는 거다. 자신의 답이 있다면 '아!'라고 감탄할 리 없다. '에이~'라며 반박하게 된다. '그래?' 하고 물어볼 리 없다. '그게 아니라~'라며 설명하게 된다. '정말?' 하며 놀랄 리 없다. '치이~' 하며 무시하게 된다. 자신의 답을 고기에서 기름기 빼듯 쏙 빼니 아무 색도 없는 하얀 종이가 된다. 상대는 그 종이 위에 자신의 정보와 생각으로 알록달록 그림을 재미있게 그리고 싶어진다. 그래서 '아, 그래, 정말'은 상대의 이야기를 끌어오는 마약이 된다.

또 다른 공통점은 호기심이 가득 찬 말이라는 거다. 나는 모르는데 제발 좀 알려달라는 뜻이 세 말에 다 들어있다. 궁금해서 눈을 동그랗게 뜨고 답을 재촉하는 어린아이에게 부모는 얼른 가르쳐주고 싶은 충동을 느끼게 된다. 호기심을 내가 채워줄 수 있다면 나는 어느새 근사한 사람이 되기 때문이다. 그래서 또 '아, 그래, 정말'은 상대를 이야기의 갑으로 만들어 이야기를 해주고 싶은 충동을 이끌어낸다.

그녀에게 배운 세 마디를 일상에서 하기 시작하자 나도 모르게 어느새 나는 상담자라는 직업을 가지게 되었다. 상담자는 상담을 받으러 온 사람이 완창을 할 수 있도록 '얼쑤' 하고 추임새를 넣어주는 고수라 할 수 있다. 그런 추임새의 으뜸이 되는 말이 '아, 그래요? 정말이요?' 하는 세 마디다. 결혼 후 아내에게 이 말을 쓰자 아내와 사이가 정겨워졌다. 아내는 속 이야기를 다 털어놓았다. 아들에게 이 말을 쓰자 똑같은 효과가 나타났다. 아들도 자기 마음 속 이야기를 다 말했다. 우리 가족은 서로 이 말을 쓰는데 중독되었다. 세 마디 말은 중독성이 강해 한 번 중독되면 쓰지 않기가 어려운 말이었다. 주변을 둘러보니 세 마디를 쓰는 사람이 여기 저기 있었다. 그리고 하나같이 사랑을 받고 있었다. 아, 그래, 정말이요? 예, 정말이요!

싫어보다
더 나은 좋아

"저, 인도음식 딱 싫어해요."

사귄 지 얼마 되지 않아 여자 친구에게 인도음식을 먹으러 가자고 했다가 이 말을 듣고 인도음식이 아니라 여자 친구가 싫어지더라는 이야기를 들었다. 말이란 게 묘해서 누군가 싫다고 말하면 그가 싫다고 하는 것도 싫어지지만 그렇게 말하는 그도 싫어진다.

사람은 오랜 진화의 역사에서 살아남는 것이 유일한 목

적이었다. 살아남으려면 위험한 것으로부터 도망가거나 싸워 물리쳐야 했다. 도망가는데도 에너지가 필요하고, 싸워 물리치는 데도 에너지가 필요하다. 그래서 만들어진 것이 감정이다. 불안, 두려움, 공포는 도망가는 데 필요한 에너지를 제공해준다. 분노, 미움은 싸워 물리치는 데 필요한 에너지다. 그런데 이런 부정적 감정은 커다란 에너지이기 때문에 굉장히 피곤하다. 모든 부정적 에너지는 많은 에너지 소모를 필요로 하기 때문에 사람들이 피하려고 한다. 이 때문에 싫다는 말은 에너지를 많이 써야 하는 부정적 감정을 나타내기에 듣는 사람에게도 부담이 된다. 그래서 누군가 싫다고 말하면 그 사람이 싫어진다.

"저, 일본음식 좋아해요."

여자 친구가 이렇게 말했다면 인도음식을 먹으러 가자던 남자 친구는 활짝 웃으면서 말했을 것이다.

"좋아요. 그럼 일식 먹으러 가요."

부정적 감정이 전투를 해야 할 때 필요한 감정이라면, 긍정적 감정은 평화로울 때 필요한 감정이라 거의 에너지가 들지 않는다. 그래서 부담이 하나도 없다. 사람들이 좋아라는 말을 그토록 좋아하는 까닭은 들어도 아무 부담이 없기 때문이다. 중국요리집에 갔을 때 "짬뽕 먹을래?"라고 물으면 "짬뽕 싫어!" 대신 "난 짜장면이 좋아."라고 말해야 한다. 싫어를 입에 달고 사는 사람은 자기를 싫어할 사람을 불러들이는 사람이다. 좋아를 입에 달고 사는 사람은 자기를 좋아할 사람을 불러들이는 사람이다. 무엇을 입에 달고 살면 좋을까. 나는 좋아가 좋다.

어디서
오신 분이세요?

나는 산사에서 여러 해를 살았다. 머리를 짧게 자르고 잿빛 옷을 입고 스님의 머리 긴 제자, 즉 유발상좌로 지냈다. 그러면서 가족상담을 주제로 강의도 다니고 상담도 하러 다녔다. 한 번은 인천교구에 '부모도 자격증이 필요하다'는 주제로 사흘간 워크숍을 가게 되었다. 회색 옷을 입고 짧은 머리로 도착한 모습이 영락없이 절에서 내려온 사람 같았다. 내심 성당에 가면 반감을 사지 않을까 걱정이 되었다.

아니나 다를까 성당 문을 들어서자 성모상 앞에 있던 아저씨가 나를 보더니 물었다. "어디서 오신 분이세요?" 올게 왔구나 싶긴 했지만 당황스러웠다. "네, 절에서 왔습니다." 솔직하게 말했다. "네, 그러신 것 같네요. 어서 오십시오. 절에서 오셨다니 작년 성지순례 갔던 날이 생각나네요. 부처님 오신 날 성지에 신부님과 여러 사람이 함께 갔었는데, 신부님이 그러시더라고요. '여러분, 오늘은 귀한 부처님이 이 땅에 오신 날입니다. 부처님 덕분에 우리가 이렇게 성지에 와서 함께 기도드릴 수 있게 되었으니 부처님이 참 고마운 분입니다. 우리 오늘 부처님에게 감사한 마음으로 기쁜 기도를 드립시다.' 그 말씀을 들으니 우리 신부님이 더 커 보이더라고요. 그리고 더 열심히 촛불 봉헌 봉사를 하게 되었습니다. 오신 일 잘 마치고 가십시오."

그 이야기를 듣자 마음 속 긴장과 불안이 사르르 녹는 걸 느꼈다. 내가 가톨릭에 처음으로 호의를 가지게 되고, 가톨릭 신자가 된 것은 그날 그 아저씨가 나를 대하던 태도와 부처님 오신 날 신부님이 했다는 이야기가 결정적인 계기가 되었다. 만약 아저씨가 그날 못마땅한 눈으로 왜 절에 있는 사람이 성당에 오고 난리냐는 말을 했다면 나는 가톨릭 신자가 될 생각을 못 했을 수도 있다. 다른 종교도 수용하고 넉넉하게 인정하는 마음을 느꼈기에 기꺼이 가톨릭 신자가 될 마음을 낼 수 있었다.

　꽉 막힌 마음은 사람 마음의 문을 닫지만, 탁 트인 마음은 사람 마음 문을 열게 한다. 그리고 그런 마음을 내는 사람에게 호감을 가지게 한다. 나도 저렇게 탁 트인 마음을 가지고 싶다는 소망도 품게 한다. 이런 소망이 이어지면 탁 트인 마음을 가진 종교를 가지고 싶다는 생각이 들게 한다. 탁 트인 마음은 가장 빠르고 효과적인 전도의 방법이다. 당신이 어디서 왔든 나는 당신을 귀하게 생각합니다. 나는 귀한 당신을 환영합니다. 편안히 이곳에서 볼일을 보세요. 탁 트인 마음 하나가 한 사람의 인생을 다르게 바꾸어 놓았다. 지금 당신은 어디서 오신 분인지요. 어서 오세요. 환영합니다.

운전해 주실 수 있으세요?

알코올 중독으로 단칸방에서 팔자 탓을 하며 하루하루 괴롭게 살아가는 중년 남자가 있었다. 갓 복지관에서 일하게 된 신입 사회복지사 청년이 재가 방문 서비스로 중년 남자를 찾았다. 소주병으로 산을 이루고 있던 방 한구석에 무사고 운전 증명서가 눈에 들어왔다. 이게 무어냐고 묻는 청년에게 중년 남자는 실은 자신이 평생 택시를 몰았으며 무사고 기사였다고 말했다.

청년의 머릿속에 번쩍 전구가 들어왔다. 이 마을 어린이

집에서 아이들을 데리고 갈 노란버스 운전기사를 찾고 있는 게 떠올랐다. 청년은 조심스레 말을 꺼냈다. "혹시 지금이라도 운전할 기회가 온다면 운전해 주실 수 있으세요?" "나야 평생 해온 일이니 눈감고도 할 수 있지만 누가 나같이 술에 찌든 사람한테 그런 기회를 주겠어?" 청년은 괜찮으시면 일주일에 하루만 어린이집 차량 운전을 해줄 수 있겠느냐고 제안했다. 중년 남자는 잠시 망설이다 한번 해보고 싶다고 했다.

    결과는 놀라웠다. 그는 운전하는 날은 물론 그 전날도 술을 마시지 않았다. 운전을 해야 했기 때문이다. 옷도 말쑥하게 갈아입고 설레는 첫 운전을 시작했다. 물고기가 물을 만난 것처럼 부드럽고 편안하게 운전하는 그를 보며 아이들과 부모 그리고 어린이집에서 좋아했다. 얼마 후 운전은 일주일 내내 하는 것으로 늘어났다. 덩달아 술도 거의 마시지 않게 되었다. 마실 수 없게 된 상황에 스스로 적응한 것이다. 이제 중년 남자는 외롭지 않았다. 아침마다 고사리 같은 손으로 버스에 오르며 인사하는 어린 천사들을 만나며, 엄마들의 따뜻한 인사를 받았다. 게다가 어린이집의 환대도 받았다. 기적이었다.

　누구나 그림자를 가지고 있다. 그런데 잘 살펴보면 그림자는 예외 없이 빛을 머금고 있다. 청년은 그림자 속에서 빛을 보았고, 그 빛을 필요한 곳에 연결시켰다. 그 결과 알코올 중독으로 죽어가던 한 생명을 살렸으며, 슬픔과 우울을 기쁨과 새로운 삶의 보람으로 바꾸어주는 좋은 이웃으로 탄생하게 만들었다. 누군가를 살려내기 위해서는 그 사람의 단점이 아니라 단점 가운데 장점을 볼 수 있는 눈이 필요하다. 그리고 장점을 말로 전할 필요가 있다. '운전해 주실 수 있으세요?' 한마디에 사람이 죽고 산다. 그림자 속에서 빛을 보며 사는 일은 다른 사람에게 큰 복을 짓는 일이다.

다 돌팔이야

상담을 받으려면 제대로 된 병원에 가서 의사한테 받아. 상담소 있는 인간들 다 돌팔이야. 돈 벌려고 돌팔이들이 하는 장삿속인데 거길 왜 가. 마음이 괴로워서 상담소를 알아보고 가겠다는 다 큰 딸에게 엄마가 모질게 한 소리다.

어릴 때부터 지긋지긋하게 들었던 엄마의 저런 모진 소리에 딸도 이골이 났다. 엄마, 내가 지금 엄마한테 상담받을 의사 알아봐달라고 전화한 거 아니잖아. 내가 많이 아프고 힘들다고. 그래서 상담을 받아야 할 정도로 괴롭다고. 이게 다 엄마한테 오랫동안 이런 부정적인 말만 들은 결과라고. 그래서 너무 속상해서 전화한 거야. 그런데 다 돌팔이라고. 그래 좋아. 상담사가 다 돌팔이라고 쳐. 그래도 나한테 돌팔이 이야기를 해야 해. 얼마나 힘들면 상담을 다 받으려고 하냐는 소리 한 번 못 해. 그게 그렇게 어려워. 정말 엄마 지긋지긋하다.

아니 지가 전화해서 상담 받는다 해서 이왕 받을 거면 제대로 된 데서 받으라고 했는데 왜 이 난리야. 너는 자라도 아직 말귀를 못 알아 들어. 됐다. 끊어라. 엄마의 말이 채 끝나기도 전에 쾅 소리를 내며 딸이 전화를 끊었다. 딸은 화장실로 가 수도꼭지를 틀어놓고 한참을 엉엉 소리 내 울었다.

어린 시절부터 뭘 한다면 늘 부정적인 소리로 기를 죽이던 엄마였다. 40여 년의 세월이 지났건만 엄마의 말은 조금도 달라지지 않았다. 오히려 세월이 가면서 이상한 개똥철학이 들어가 더 완고해지고 드세졌다. 딸은 절망했다.

딸도 엄마의 그런 말을 싫어하면서도 닮아갔다. 어린 자녀에게 거칠게 말한 날은 종일 우울했다. 부모의 말이 자녀의 삶이 된다더니 틀린 말이 아니었다. 닮아가는 자신이 너무 싫었다.

부정적으로 말하는 사람은 대개 무엇이든 의심하는 특징이 있다. 남이 뭐라고 하면 좋은 점보다는 잘못된 점을 찾아내려고 의심의 안경을 쓰고 구석구석을 훑어본다. 그리고 사실인지 아닌지 밝혀지지 않은 일도 자신의 생각이 맞다고 여기고 상대에게 잘못된 점을 강하게 지적한다. 40대 여성의 엄마도 부정적으로 말하는 게 습관이 된 사람이었다. 70년을 살았는데도 변하지 않는 것을 보면 부정적으로 말하는 건 평생을 가는 고질병이라 봐야 한다. 상담사는 다 돌팔이란 엄마 말 때문에 상담사로 있는 나도 엉겁결에 돌팔이가 되어야만 했다. 엄마와 나 가운데 누가 돌팔이인 줄 모르겠다.

날지는
못한다면서요

 어쩌다 모범택시를 탈 때가 있다. 시간은 급하고 택시는 잡히지 않으면 할 수 없이 비싼 모범택시를 타야 한다. 그날도 모범택시를 탔는데 보기에도 신차 느낌이 폴폴 풍겼다. 게다가 중간이 확장된 리무진 택시였다.

 출발하자마자 걸쭉한 경상도 기사 아저씨의 차 자랑이 시작되었다. "손님. 이런 차 탄 게, 제 차라서 하는 소리가 아이고 행운입니다. 뽑은 지 열흘도 안 됐는데, 저도 평생 기사하면서 타본 차 중에 최곱니다." "아, 그래요. 그렇군요." 한마디 추임새를 넣었더니 속사포처럼 차 자랑이 이어졌다. "뒷자리 마이 넓지요. 마 2미터 거인이 타서 다리를 뻗어도 넉넉할 낍니다." 콧노래까지 부르며 도로를 봤다가 차 실내를 봤다가. 이 고급차가 사랑스러워 죽겠다는 표정이었다.

나는 슬그머니 장난기가 올라와 기사님에게 말했다. "기사님, 근데 이 차 단점이 하나 있다면서요." 그 말에 기사는 발끈했다. 얼굴이 금세 붉어지더니 "누가 그캅디까. 확 열 받네. 그래 손님 이 차 단점이 뭐라 캅디까. 예?" 흥분을 감추지 못했다. 내가 조용히 말했다.

"이 차가 날지는 못한다면서요."

아하하하하, 택시기사 웃음소리가 택시 안을 떠나갈 듯 울렸다. "하하하, 맞심다. 이 차가 날지는 못하지요. 나는 거 빼고는 다 한다 아입니까. 하아 맞네, 맞네. 못 나네. 하하하하하." 그러더니 뒤로 백미러를 보면서 물었다.

"손님 말 참 재밌게 하시네. 손님 뭐 하시는 분입니까?"
"아, 저는 이런 말 하는 말 장사지요." "아하, 그런 직업도 있어요? 말로 먹고 사는 장사라고 말장사라 카는구나." 그 후 기사님은 기분이 좋아져 노래를 신나게 틀고 손으로 운전대에 박자를 맞추며 행복하게 운전을 했다. 중간 중간 하하, 못 난다 맞다 맞다를 반복하면서.

말 한마디로 기사님의 기분이 구름을 뚫고 하늘을 날았다. 말이라는 게 신기한 물건이다. 즐거운 기분을 잡치게 하기도 하고, 더 즐겁게 하기도 하는 게 말이라는 물건이 가진 특별한 기능이요 효능이다. 나는 그 후로 리무진 모범택시를 볼 때마다 '아, 날지만 못하는 차가 또 저기 가는구나' 싶어 웃곤 한다. 그날 날지만 못하는 택시 덕분에 주인인 기사님도 나도 붕붕 하늘을 날 수 있었다. 말은 땅에 있는 사람을 날게 한다. 그래, 내가 그 말이 듣고 싶었다 아이가. 기사님 목소리가 들리는 듯하다.

내가 정말
괜찮은 여자라는
생각이 들어서

결혼한 지 10년이 됐을 때 궁금한 게 하나 생겼다. 나는 10년 동안 행복했는데, 아내도 나를 만나 행복했을까. 그래서 식탁에서 아내에게 호기심 가득한 눈빛으로 물었다.

"여보, 나랑 산 지 10년이 되었네. 나랑 사니까 좋아?"
"그럼. 당신이랑 사니까 좋지."
"뭐가 제일 좋아?"
"좋은 게 많지만 내가 제일 좋았던 게 하나 있어."
"그게 뭔데?"

"응. 결혼 전에도 나는 내가 괜찮은 여자라고 생각하고 있었거든. 그런데 결혼하고 하도 당신이 나보고 괜찮다, 괜찮다고 말해주니까 내가 정말 괜찮은 여자구나 싶어. 난 그게 제일 좋았어."

아내의 대답은 예상하지 못했던 것이라 내심 놀랐다. 아내가 남편인 나에게 고마워한 것은 돈을 벌어온 것도, 멋진 곳으로 여행을 다녀온 것도, 좋은 옷을 사준 것도 아니었다. 말을 예쁘게 한 것이었다. 예쁜 말 가운데도 자신의 가치를 높게 여기고 인정해 주는 말을 자주 반복해서 한 말이었다.

우리 속담에 말 한마디로 천 냥 빚을 갚는다고 했는데, 이 속담이 부부 사이에서만큼 잘 적용되는 사이도 없다. 부부는 말 한마디로 금슬 좋은 부부가 되기도 하고, 이혼을 결심하는 부부가 되기도 한다.

사람은 부족하고 결핍된 존재다. 그래서 끊임없이 타인에게 덜 부족하고 덜 결핍된 괜찮은 존재라는 확인을 받고 싶어 한다. 인정욕구는 부부 사이라고 예외가 아니다. 오히려 더 절실하게 인정받고 싶은 사람이 배우자다. 밖에서 남들이 다 인정해 준다 해도 배우자가 인정해 주지 않는다면 커다란 결핍감과 인정해 주지 않는 배우자에게 강한 적개심을 가질 수밖에 없다. 반대로 밖에서 다른 사람이 별로 인정해 주지 않는다 하더라도 남편이, 아내가 인정해 준다면 세상 사는 일이 견딜만한 일로 변한다. '당신 참 괜찮은 여자야.'로 시작하는 말을 습관적으로 하다 보면 정말 아내가 괜찮은 여자로 변해간다는 사실을 발견하게 된다. 괜찮다는 말이 더 괜찮은 아내를 만든다.

사랑해
너의 모든 걸

얼마 전 여덟 번째 책을 출간했다. 책이 손에 들어올 때면 나는 나에게 제일 먼저 축하의 문장을 쓰고 서명을 해서 선물한다. 내가 고생해서 쓴 책이니 나에게 선물하는 것이 마땅하다고 여기기 때문이다. 두 번째로는 곁에서 여러모로 도와준 아내에게 서명을 해서 건네준다. 넘버 쓰리로 주는 사람은 아들이다. 이번 책도 이 순서대로 차례로 주었다. 아들에게 책에 서명을 하려니 무슨 말을 쓸까 망설여졌다. 잠시 아들을 생각하다 이런 글을 떠올렸다.

승준아,

사랑해

너의 모든 걸

- 아빠가 -

그렇게 쓰고 나니 아들에게 전해야 할 모든 말이 몇 마디에 다 들어갔다는 걸 깨달았다. 사랑이란 무엇일까. 사랑은 내가 마음에 드는 모습만 좋아하는 것이 아니다. 내 마음에 들지 않는 그의 모습도 모두 받아들이는 것이다. 그의 모든 모습을 받아들이고 안아주는 마음이 사랑이다.

습관적으로 손목을 그으며 자해를 하는 딸을 둔 엄마를 오래 상담한 적이 있다. 상담을 통해 엄마가 깨달은 것은 자해를 하는 딸의 모습도 딸의 일부라는 단순한 진리였다. 자해를 하지 않는 모습도 딸이고, 자해를 하는 것도 딸이었다. 그 모두를 끌어안는 것이 엄마가 해야 할 일의 전부였다. 엄마는 자해를 금지하고 감시하는 대신 자해를 끌어안는 수용을 선택했다. 딸의 자해는 그런 엄마의 변화를 따라 서서히 줄어들었다. 사랑은 허다한 거짓을 벗겨내는 것을 엄마는 미워하던 딸을 사랑하게 되면서 깨닫게 되었다.

내가 마음에 쏙 드는 자식의 말과 행동도 그렇지 않은 말과 행동도 모두 합한 것이 자식의 참 모습이다. 사랑해 너의 모든 걸. 그 말 한 마디에 자식은 부모의 진한 사랑을 느끼고 일탈의 행진을 멈추게 된다. 모든 걸 받아주는 사랑의 힘은 위대하다.

그럼
누가 잡은 날인데

　어르신들을 매일 만나는 직업 가운데 노인복지관 사회복지사가 있다. 어르신들에게 친절하게 대하는 게 직업이지만 온갖 다른 삶의 이력과 성격을 가진 어르신들에게 매번 친절하게 대하는 건 여간 어려운 일이 아니다. 우리 부모에게 이렇게 말하고 대했더라면 얼마나 칭찬을 듣고 사랑받았을까 싶은 생각이 자주 들면서도 사람인지라 지치고 소진될 때가 적지 않다.

　그런 사회복지사를 웃게 하는 건 어쩌다 듣는 어르신의

예쁜 말 한마디다. 한 번은 어르신들을 모시고 야유회를 갔는데 날씨가 그날따라 너무 좋았다. 어르신들은 날씨에 기분이 많이 좌우되기 때문에 담당자 입장에서는 날씨가 여간 신경 쓰이지 않는다. 행사를 준비한 사회복지사가 기분이 좋아져 어르신들에게 말했다.

"오늘 날씨도 우리를 도와주네요. 날씨가 너무 좋아요."

그러자 한 할머니가 큰 소리로 말했다.

"아, 그럼. 누가 잡은 날인데!"

그 말에 사회복지사는 몇 주 동안 고생한 것이 눈 녹듯이 사라졌다. 그날 행사를 마치고 집에 돌아와서도 그 말이 계속해서 귓전에 맴돌았다. 이런 맛에 일하지 싶어 자꾸 웃음이 나왔다. 따지고 보면 사람 살 맛 나게 하는 건 별 게 없다. 날씨에 노심초사 하는 사회복지사의 마음을 헤아려주고, 날씨가 좋을 때 누가 잡은 날씨냐며 인정해 주면 된다.

사실 사회복지사는 이 말을 듣기 전에 어르신들과 일하는 게 너무 힘들어 다른 일터를 알아보려던 참이었다. 그런데 말 한 마디에 다른 곳으로 옮기지 않고 힘내서 다시 한 번 일해보자는 마음이 들었다. 사람의 마음이 묘해서 하는 일이 힘들어서 직장을 옮길 것 같지만 누구도 내 마음을 몰라주기에 옮기는 경우가 훨씬 많다.

그 후 사회복지사는 이 말을 응용해서 주변 사람들에게도 전하기 시작했다. "그럼요. 누가 잡은 식당인데요.", "그럼요. 누가 하자고 시작한 일인데요." 사람들의 환한 웃음을 보며 이 말이 얼마나 힘이 큰 말인지 새록새록 느끼게 되었다.

4장

삶을 살리는 말

날 기억하는 사람이
몇이나 되겠어요

방송국에서 거침없이 하고 싶은 이야기를 다 하시는 인기 스타 신부님을 만나 방송 진행의 비결을 여쭈어봤다.

"신부님, 신부님은 어떻게 그렇게 말씀하시는데 거침이 없고 자유로우세요?"
"궁금하세요?"
"네, 부럽고 궁금해요."
"그럼 알려드릴게요. 제가 신부 생활을 하면서 정말 수많은 사람들을 만났거든요. 그런데 지나고 생각해 보니 기억나는 사람이 정말 몇 사람 안 되는 거예요. 그때 이런 생각이 들더라고요. 나를 만난 다른 사람들도 똑같지 않을까. 나를 기억하는 사람들은 거의 없지 않을까. 그렇게 생각하니 남의 눈치를 볼 필요가 없다는 걸 깨닫게 되더라고요. 그렇게 깨달은 후에는 방송을 진행할 때 정말 편하고 자유롭게 말할 수 있더라고요."

아. 그렇구나. 다들 방송하는 신부님을 기억할 거라고 생각하면 조심스럽고 말할 때마다 긴장이 되지만 기억할 사람이 거의 없을 거라고 생각하면 긴장할 필요가 없겠구나. 신부님의 이야기를 들은 이후로 나는 라디오 방송이 몇 배로 편안해졌다. 기억하는 사람이 거의 없다면 사람들의 이목에 신경 쓰며 긴장할 필요가 없다.

신부님 말씀 덕분에 나는 생방송을 할 때도 대본을 가지고 들어가지 않는 방송 진행을 이어가고 있다. 대본대로 따라 하는 건 안전하지만 대본에 묶여 자유롭지 않다. 그리고 작가의 색은 잘 드러나지만 정작 방송을 하는 당사자인 나의 색은 묻히고 만다. 그래서 요즘은 아예 대본 없이 진행자가 묻는 대로 나오는 대로 이야기를 하고 있다. 그런데 청취자들의 반응이 이전에 비해 훨씬 좋다. 듣는 사람도 훨씬 편안하다는 이야기를 자주 듣는다.

방송도 진행하는 내가 편안하고 나다워야 말하는 나나 듣는 청취자 모두 편하다. 예능 프로그램을 보면 대본이 있지만 다만 참고만 하고 자기 개성대로 말하는 연예인이 가장 인기가 높다. 이 또한 사람들에게 신경을 쓰지 않고 하고 싶은 말을 자유롭게 하기 때문이다. 남들이 나에게 관심이 많고 오래도록 기억할 것 같지만 사실은 관심도 거의 없고 기억도 하지 못한다. 신부님 말씀을 들으면 자다가도 떡이 생긴다.

난
스트레스가 없어요

고등학생인 아들이 얼마 전 "아빠 난 스트레스가 없어."라는 말을 했다. 나는 호기심이 발동해 이유를 물었다. 아들은 공부하는 게 힘들긴 하지만 재미도 있어서 스트레스가 아니고, 사람에게 힘든 게 없어서 스트레스가 없다는 생각이 든다고 했다.

나는 아들이 태어난 후 아들을 키우는 원칙으로 딱 하나를 정했다. '즐거운 목적을 위해 괴로운 과정을 만들지 말자.' 이 원칙을 정하게 된 건 결혼 전 10년간 부부와 자녀들 상담을 하며 배운 삶의 교훈 때문이었다. 부모 때문에 힘들어하고, 자식 때문에 어려워하는 부모를 만나 보니 결국 좋은 미래를 위해 괴로운 현재를 받아들이라는 부모와 좋은 미래는 모르겠고 즐거운 현재를 누리려는 자식 사이의 줄다리기 싸움이었다. 그걸 보면서 반대로 하면 부모도 덜 힘들고 아이도 덜 힘들겠다는 걸 깨달았다.

그러다 결혼을 했다. 신혼 초 정신과 의사인 우리 선생님과 초등학교 자녀를 둔 부모 몇 분을 대상으로 집단상담을 공동으로 진행하게 되었다. 어머니들의 질문은 하나로 모아졌다. 어떻게 키워야 아이를 잘 키울 수 있을까요. 그 질문에 선생님이 빙그레 웃으며 대답했다. 자식은 어떻게 키워도 실패하게 되어 있습니다. 폭소가 터졌다. 나도 빵 터졌다. 그럴 수 있겠다. 부모 상담을 하면서 어떻게 키워도 밑지는 장사가 자식 키우는 일이란 걸 어렴풋이 느끼고 있던 참이라 선생님 말씀은 부모에게 진리의 한 방을 제대로 먹이는 이야기로 들렸다. 선생님은 이어 말했다. 성공하는 경우는 소가 뒷걸음치다 쥐 잡듯이 아이가 가지고 태어난 것과 부모가 아이에게 해주는 것이 어쩌다 맞아떨어질 때 가능합니다. 그날 나는 결심했다. 어차피 아이 키우는 게 실패할 것이라면 키우는 동안이라도 아이랑 즐겁게 지내야겠다고.

아내에게 내 마음을 전했다. 아내도 수긍했다. 아들이 태어나고 우리 부부는 아이에게 안 된다거나 하지 말라는 말 대신 괜찮겠냐는 질문과 괜찮다고 안심시키는 말을 주로 했다. 괜찮냐는 질문과 괜찮다는 위로의 두 마디로도 아이는 하지 말아야 할 것은 하지 않았고, 할 것은 알아서 하는 아이로 자랐다. 아이가 정서적으로 부모를 편하게 여기니 학교에서 친구나 선생님과도 잘 지내는 것 같았다. "아빠, 난 스트레스가 없어."라는 말 뒤에는 결국 집에서 스트레스가 없다는 말이 숨어 있었다. 아들에게 배웠다. 사람이 스트레스의 원인이라는 것을. 집이 편해야 만사가 편하다는 것을.

내일 오더라도
오늘 가겠다

산사에 살다 재미난 스님을 만났다. 스님은 해병대를 제대하고 머리를 기를 틈도 없이 중이 되었다며 나를 웃게 했다. 시원시원한 스타일의 스님은 어릴 때부터 소원이 세계 일주를 하는 것이었다. 스님이 되고 나서도 그 꿈은 변하지 않았다. 스님들은 선방에 있으면 석 달 공부하고, 석 달 방학하는 패턴으로 한 해를 살기 때문에 방학 기간 중에 외국을 갈 수 있었다. 스님은 방학을 이용해 외국을 갈 결심을 했다.

문제는 스님이 영어를 할 줄 모른다는 것이었다. 학교 다니면서 영어를 워낙 싫어해서 아는 문장이라고는 가격이 얼마냐고 묻는, 'How much'와 고맙다는 'Thank you' 두 문장이 전부였다. 그래서 외국에 나갈 생각을 하니 앞이 깜깜했다. 더구나 처음 여행 가기로 마음먹은 나라는 영어로 말하는 캐나다였다. 시원시원한 스님은 그래도 가자고 마음먹었다. 그러면서 이런 말을 자신에게 했다. '캐나다에 가서 다음 날 돌아오더라도 가자!' 그리고 가방을 챙겨 캐나다로 배낭여행을 떠났다. 그때부터 만국 공통어인 손짓 발짓으로 하는 스님의 영어가 시작됐다. 놀라운 것은 캐나다에서 그것이 통했다는 거다. 내친김에 스님은 캐나다에서 번지점프까지 했다. 무려 보름을 하우머치와 땡큐 그리고 손짓 발짓 네 가지로 버티고 견디며 여행을 했다. 게다가 몹시 즐거운 여행을 했다.

캐나다 여행에서 자신감을 얻는 스님은 이후 서른 개가 넘는 나라를 여행할 수 있었다. 첫 걸음이 어려워서 그렇지, 첫 걸음을 떼자 다음부터는 술술술이었다. 해병대 정신으로 깡으로, 스님의 시원시원한 도전 정신으로 이루어진 세계일주 여행은 여름 방학과 겨울 방학을 가리지 않고 이루어졌다. 스님이 즐겨하는 말은 '아끼다 똥 된다'는 속담이었다. 영국 극작가 버나드 쇼의 묘비명에도 '우물쭈물하다가 이렇게 될 줄 알았다'라고 적혀 있다고 한다. 우리는 이것 때문에 안 되고 저것 때문에 안 된다고 너무 재면서 길지도 않은 인생을 주저와 포기 속을 왔다 갔다 하면서 산다. 그럴 때 나에게 그럼에도 할 수 있는 용기를 주는 말이 필요하다. '내일 오더라도 오늘 가겠다'는 스님의 이야기는 용기로 가득한 말이다. 스님 덕분에 나는 무엇을 망설일 때마다 '내일 문을 닫더라도 오늘 시작하겠다'는 마음으로 일을 벌이곤 한다. 하늘은 스스로 돕는 자를 돕는다. 일단 시작하는 게 용기다.

누구에게
돈을 맡기실래요

대학원 조교 시절 내가 모시던 교수님은 시각장애인이었다. 한번은 병원에서 초청한 '장애인 자녀를 둔 부모 강의'에 교수님을 모시고 갔다. 우리 아이도 사회적으로 성공한 교수님처럼 만들고 싶은 부모들이 빼곡하게 강의장을 메우고 있었다. 교수님은 자리에 앉자 앞에 있는 엄마에게 질문을 던졌다. "어머님, 만약 돈 1억 원을 누구에게 맡기고 외국을 1년쯤 다녀와야 한다면 누구에게 맡기시겠어요?" 질문을 받은 엄마는 잠시 머뭇거렸다. 그러다 대답했습니다. "네, 중학교 때부터 단짝이었던 친구에게요." 교수님은 그 말에 "왜 많고 많은 사람 중에 친구에게 맡기시려고 하세요?" 하고 되물었다. "그 친구는 떼먹지 않을 것 같아서요." 강의장이 웃음바다가 되었다.

웃음이 잦아든 뒤, 교수님이 조용히 말했다.

"그러게요. 그 친구는 떼먹지도 않고, 적게 받았다고도 하지 않고 그대로 돌려주지 않을까요. 하느님이 지금 장애를 가진 아이를 세상 누구에게 맡길까 고민하신다면 누구에게 맡기려고 하실까요. 저 사람은 특별한 사랑이 필요한 아이를 학대할 것 같고, 또 저 사람은 입양 보낼 것 같고. 그래서 하느님께서 특별한 사랑을 줄 사람을 선택하셔서 여러분에게 여러분의 아이를 맡기신 게 아닐까요?"

침묵이 흐른 뒤 강의장은 울음바다가 되었다. 교수님의 질문 하나가 장애 자녀와 자신을 보는 눈을 바꾸는 기적을 만들었다. 우리는 하느님이 선택한 부모다. 하느님의 선택이 옳으시도록 자녀를 키워야겠다는 마음이 부모들의 마음에 스며드는 순간이었다.

사람은 살면서 불합리한 경험을 많이 한다. 그래서 억울할 때가 많다. 때때로 불행은 좋은 사람에게도 나타난다. 그럴 때 우리는 하늘을 원망하며 왜 나에게 이런 일이 생겼느냐고 눈을 흘긴다. 스스로 신세를 한탄하고 불행에 매달려 점점 우울한 삶을 살아간다. 이때 필요한 것이 불행에는 이유가 없다는 것을 이해하는 것이다. 불행은 선한 사람과 악한 사람을 가리지 않고 언제든 올 수 있는 것이다. 중요한 것은 불행에 대한 새로운 시선과 해석이다. 내가 감당할 수 있다고 믿어 하늘에서 나를 선택하여 이 불행을 준 것일 수 있다는 해석은 내 불행을 견디게 하고 기쁘게 헤쳐 나갈 수 있는 힘이 된다. 인생의 행불행은 생기는 일이 아니라 그 일의 해석이 좌우한다.

인생이란
경험을
주섬주섬 줍는 거야

은퇴 후 고향 제주에 내려가 귤 농사를 짓는 처가 형님은 어떤 일이든 좋은 의미를 부여하는 사람이었다. 내가 처음 형님을 만나 뚜렷한 직장 없이 산다고 했더니, "그렇게 자유롭게 사는 게 좋지."라며 기분을 좋게 만들어주었다. 그러다 교수가 됐다고 했더니, "결혼하면 안정되게 사는 게 좋지."라며 또 기분을 좋게 만들어주었다. 이래도 좋고, 저래도 좋다는 형님을 보면서 사람이 어떻게 이럴 수 있을까 궁금했다. 어느 날 형님과 이야기를 나누다 어떻게 이런 인생 태도를 가지게 되었는지 듣게 됐다.

"형님은 살면서 어떤 말이 제일 큰 배움이 되었나요?"

"아, 그 질문을 받으니까 대학교 1학년 때 교양수업 들었을 때 교수님이 해주셨던 말씀이 생각나네."

"무슨 말씀을 하셨는데요?"

"우리한테 '너희들 인생이 뭔지 아니?' 그러시더라고. 우리가 우물쭈물 하고 있으니까 그러시는 거야. 인생이란 말이야. 경험을 주섬주섬 줍는 거야. 나는 그날부터 교수님 그 말이 지금까지 내가 사는 인생을 만들어준 것 같아. 인생이 경험을 주섬주섬 줍는 거라면 잘 주워야 할 거 아니겠어. 잘 줍는다는 게 뭐야. 하나를 경험할 때마다 그 경험에 의미를 잘 부여하는 거지. 그래서 나는 살면서 무엇을 듣거나 겪을 때마다 이게 무슨 의미일까 생각하고, 기왕이면 좋은 의미를 찾으려고 하지. 그렇게 산 지 어느새 50년이 다 되어 가네."

인생은 경험을 주섬주섬 줍는 거라 말한 교수도 훌륭하지만, 더 훌륭한 건 그 말을 잘 헤아려서 잘 줍기로 마음먹고, 50년을 한결같이 실천하며 살아온 형님이다. 우리도 날마다 경험을 주섬주섬 줍고 있다. 그리고 주운 경험 하나 하나에 나만의 의미를 부여하고 있다. 내가 부여한 의미의 깊이에 따라 내 삶의 깊이가 결정되고, 내가 부여한 의미의 색깔에 따라 내 삶의 모양이 결정된다. 내 경험에 어떤 의미를 부여하고, 그 의미에 따라 어떻게 살 것인가가 내가 누구인가를 결정한다.

괜찮아서
우울증이 온 거야

　우울증은 우울과 다르다. 그저 며칠 울적한 우울과 달리 오래도록 우울하고 더 심각하게 우울하다. 가끔 우울증을 앓고 있다고 고백하며 상담실 문을 열고 들어오는 사람들을 만난다. 그런 사람들에게 내가 해주는 말은 "당신이 괜찮아서 우울증이 온 거예요."라는 말이다. 이렇게 말하는 이유는 살면서 경험한 우울증에 걸리지 않는 사람들의 공통점 때문이다. 내가 경험한 바로는 세 타입의 사람은 우울증에 걸리지 않는 것 같았다.

첫 번째는 날라리다. 날라리는 즐겁게 사는 데 목숨을 거는 사람이다. 아무리 일할 게 쌓여 있어도 땡땡이를 치고 놀러 나간다. 야간 자율학습 시간에 날라리는 도망가서 즐겁게 놀 궁리만 한다. 이런 날라리는 우울증이 뭔지 모른다.

두 번째는 뺀질이다. 뺀질이는 자기 사랑이 지독하다. 남이야 죽든 말든 개의치 않는다. 자기 몸만 편하면 되고, 자기 마음만 즐거우면 그만이다. 시켜도 제대로 하지 않는다. 자기를 워낙 사랑하고 남을 별로 사랑하지 않기에 남이 시킨 일을 대충 해도 아무 죄책감이 들지 않는다. 남들이 다 일해도 뺀질이는 일을 하지 않는다. 성가시고 귀찮은 모든 의무와 책임을 일체 거부한다. 그래서 뺀질이도 우울증이 뭔지 모른 채 생을 마감한다.

세 번째는 최고 강적이다. 띨띨이다. 띨띨이는 일의 의미를 모른다. 사람 관계에서 무엇이 중요하고 무엇을 조심해야 하는지를 모른다. 띨띨하기 때문이다. 늘 얼굴 표정이 햇살이 환히 비치는 봄날이다. 입을 헤 벌리고, 무슨 말을 하면 대답은 예라고 하지만 속으로는 무슨 말을 하는지 못 알아듣는다. 그래서 사는 게 늘 해피하다. 이런 띨띨이는 우울이 정말 무엇인지 이해를 하지 못한다. 그래서 우울에 걸리지 않는 절대 강자로 군림한다.

이 셋의 공통점은 사회생활을 할 때 괜찮지 않은 대표적 인간 유형이라는 거다. 이런 세 유형은 우울증의 3대 천왕이라 불러도 손색이 없다. 우울증에 걸리는 사람은 3대 천왕의 정반대에 위치한 사람인 경우가 많다. 범생이, 성실이, 똘똘이들이 우울증에 가장 취약한 사람들이다. 정말 괜찮으니까 우울증에 걸리는 거다. 내가 지금 우울하다면 나에게 말해보자. '괜찮은 사람이라서 우울한 거야'라고. 토닥토닥 우울증.

내가 한 일 중에
제일 잘 한
일이 뭔지 아니

　키워 보니 아들이 가장 좋아하는 이야기는 자기 탄생과 관련한 이야기였다. '네가 태어난 해부터 어찌나 좋은 일이 많이 생기든지'라거나 '네가 태어났을 때 온 가족이 좋아서 난리였다, 할머니는 어찌구 외할머니는 저찌구' 하는 이야기는 늘 같은 내용인데도 지겨워하지 않고 헤헤거리며 들었다. 아들이 헤헤거리는 이유는 하나였다. 내가 얼마나 환영받으며 이 세상에 왔는가를 확인하고 싶은 거였다.

　어느 가난한 집에 태어난 딸이 있었다. 아이는 자라면서 다른 아이들에 비해 자기 집이 가난한 걸 알게 되었지만 좌절하지 않았다. 내가 잘 하면 훗날 저 아이들보다 더 잘 살 수 있다고 생각하면서 야무지게 살았다. 그리고 자신을 예뻐해 주는 엄마를 좋아하며 엄마 말을 잘 들었다. 그걸 지켜보던 엄마가 어느 날 딸에게 말했다.

"내가 살면서 한 일 중에 제일 잘 한 일이 뭔지 아니?"
"뭔데?"
"널 낳은 거야."

딸은 엄마 이야기에 가슴이 벅찼다. 엄마가 한 일 중에 제일 잘 한 일이 나를 낳은 일이라면, 내가 정말 그렇다는 걸 두고두고 보여줘야겠다 마음먹었다. 악착같이 공부에 매달린 것도, 힘든 일이 생길 때마다 오뚝이처럼 다시 일어선 것도 엄마가 잘 했다는 일을 정말 잘 한 것으로 만들어야겠다는 마음 때문이었다.

딸은 자라서 부모에게 학대를 당한 아이들을 돌봐주는 아동보호전문기관의 상담원이 되었다. 엄마에게 받은 말을 아이들에게 돌려주고 싶었다. '내가 너만 태어나지 않았으면 진작 이혼했을 텐데.', '원래 너를 낳지 않으려고 했는데.' 엄마의 이런 말을 들으며 스스로의 가치를 느끼지 못하고 삶에서 너무 일찍 시들어버리는 아이들에게 어릴 때 엄마에게 들었던 이야기를 해주고 싶었다. 너희들은 잘 태어났다고 반복해서 말해주며 사랑을 쏟았다. 아이들이 조금씩 변할 때마다 속으로 엄마에게 말했다.

'엄마, 정말 엄마가 잘 한 일이 나를 낳은 게 맞는 거 같지?'

세상 모든 아이들은 한결같이 내가 얼마나 괜찮은 존재인지 듣고 싶어 하고, 알고 싶어 한다. 그럴 때 엄마의 말 한마디는 아이의 미래를 환하게도 만들고 깜깜하게도 만든다. 모든 엄마가 세상에서 제일 잘 한 일이 아이를 낳은 일이면 좋겠다.

오시는 시간이
정각입니다

　선생님 조금 늦을 것 같습니다. 죄송합니다. 상담 시간에 늦을 것 같다는 톡이 까똑 온다. 그럴 때마다 답톡을 보낸다. 천천히 오십시오. 오시는 시간이 정각입니다.

　늦게 도착한 사람은 고맙다는 인사를 잊지 않는다. 오시는 시간이 정각이라는 말에 급하던 마음이 슬며시 사라지고 배시시 웃음이 나왔다는 말을 한다. 시간이 주인이 아니라 사람이 주인이고, 주인인 사람과 사람이 하는 것이 상담이라면 굳이 시간에게 주인 자리를 내줄 필요가 없다.

다 사정이 있어 늦는 것이다. 사정이 주인이며, 그 사정을 지니고 있는 사람이 주인이다. 시간은 종일 뿐이다.

빠르면 빠른 대로, 늦으면 늦은 대로 그 모든 시간이 상담을 시작할 시간이며, 정각이다. 이렇게 시작한 상담은 순조롭다. 긴장하지 않아서 순조롭고, 자유로워서 순조로우며, 상담 받는 내가 주인이라 순조롭다.

일상을 돌아보면 째깍째깍 시간의 노예로 산다. 서울 사람들이 늘 종종거리며 뛰는 이유는 시간에 매여있기 때문이다. 일도, 약속도, 심지어 휴식도 시간에 맞춰 허겁지겁 뛰어다닌다.

돌아가신 법정스님은 시간 밖에서 사는 삶을 산 경험을 이야기한 적이 있다. 스님이 기거하는 암자에는 시계를 두지 않았다. 시간의 속박에서 벗어나 시간 밖에서 살게 되자 스님은 큰 자유를 만끽하게 되었다. 졸리면 자고, 고프면 먹는 시간이 이어지면서 시계에 매인 삶이 아니라 내 몸에 맞는 시간이 서서히 만들어졌다. 그 시간은 가장 편안하고 자연스러운 시간이었다. 비로소 시간 밖에서 사는 사람이 느끼는 자유가 찾아왔다.

내가 가는 시간이 정각이며, 내가 먹는 시간이 정각이다. 내가 자는 시간이 정각이고, 내가 일어나는 시간이 정각이다. 시간을 내가 부리기 시작할 때 내가 나로 사는 세상이 열리기 시작한다. 시간은 남의 기준을 상징하는 물건이다. 내가 남의 기준을 따라 사는 삶은 공장에서 찍어 나오는 제품과 같은 삶이다. 내가 나의 기준을 따라 사는 삶은 나만의 공방에서 만들어내는 작품과 같은 삶이다. 남이 아니라 나로 사는 사람이 주체적인 사람이다. 오늘 상담실에도 늦을 것 같다는 문자가 왔다. 나는 똑같이 답 문자를 보낸다. 천천히 오세요. 오시는 시간이 정각입니다.

뼈에
물 들어가니

하필 우산 없이 학교에 간 날, 억수 같은 소나기가 쏟아졌다. 아이들 엄마가 모두 우산을 들고 학교에 와 아이를 데려갔는데 한 아이만 끝내 엄마가 오지 않았다. 아이는 쫄딱 비를 맞고 10리 길이나 되는 길을 걸어 집으로 왔다. 그런 딸을 바라보며 마루에 앉아 무심히 나물을 다듬는 엄마에게 딸이 따졌다.

"왜 우산 가지고 오지 않았어?"

엄마는 아이를 보며 매정하게 말했다.

"뼈에 물 들어가니?"

어릴 적 그날 이야기를 하며 상담실에서 여자는 그날 쏟아지던 빗물 같은 눈물을 쏟았다. 엄마는 원치 않는 결혼을 했다. 한국전쟁 통에 미군 장교와 눈이 맞아 미국으로 가려던 전날 부모가 딸을 잡았다. 방에 가두고 동네에 남아있던 바보 소리 듣던 칠득과 강제로 합방을 시켰다. 그 사이에서 태어난 아이가 비를 맞던 딸이었다. 엄마는 자라는 딸을 볼 때마다 옛날 악몽이 떠올라 자신도 모르게 모진 말을 퍼부었다.

이 엄마처럼 모진 말을 하는 사람들이 살아온 이야기를 들으면 아프고 서러운 경험을 한 경우가 많다. 마음이 편하고 따뜻한 여건 속에서 자란 사람은 모진 말을 하라고 해도 잘 하지 못한다. 자신이 충분히 아픈 후 남의 가슴을 후벼 파는 소리가 모진 말이기 때문이다.

매 맞은 상처는 사흘 가지만 혀에 벤 상처는 삼대를 간다는 속담이 있다. 모진 말의 유통기한은 무제한이다. 평생 간다. 모진 말을 하는 말 습관에서 벗어나기는 어렵다. 자란 성장 과정의 상처와 깊이 관련되어 있기 때문이다. 한국전쟁에서 잘생긴 장교와 미국으로 떠나지 못하고 바보 신랑과 살아야 했던 기구한 운명이 모진 말의 원인이기에 다시 과거로 돌아가 새로운 삶을 만들지 않는 한 모진 말은 쉽게 사라지지 않는다. 모진 말은 모진 사람이 하는 것이 아니다. 모진 경험을 한 사람이 하는 말이 모진 말이다. 모진 말을 들으면 몹시 가슴이 아프지만 모진 말을 한 사람의 역사를 들여다볼 필요가 있다. 모진 말을 한 사람 역시 자신의 모진 말의 뿌리가 된 역사를 들여다보아야 한다. 과거와 현재가 화해의 악수를 할 때 모진 말은 사라질 수 있다.

세계 1등 할
자신 있어

어릴 때부터 운동을 좋아하던 아이가 있었다. 어머니가 일찍 세상을 떠난 후로 아이는 마음을 잡지 못하고 더 축구와 달리기 같은 운동에 매달렸다. 불행하게도 아이를 기르던 아버지와 할아버지는 완고하고 고지식한 사람이었다. 어느 날 운동화를 신고 집을 나서는데 아버지가 앞을 막아섰다. 그리고 다짜고짜 아이를 자리에 앉히고 말했다.

"야 인마, 공부를 하면 천등, 만등을 해도 먹고 살아. 그런데 운동은 세계 1등만 먹고 살아. 너 세계 1등 할 자신 있어?"

아버지의 말에 아이는 얼어붙었다. 두려움이 등을 타고 흘렀다. 내가 좋아하는 운동으로는 살 수가 없구나. 세계 1등을 어떻게 한단 말인가. 까마득했다. 운동을 좋아할 뿐이지 이걸로 세계 1등을 할 수 있다는 생각은 한 번도 못했다. 게다가 같은 동네 형들과 친구는 공차기나 달리기를 나보다 훨씬 잘했다. 아이는 그만 기가 죽었다. 아버지에게 꿀 먹은 벙어리처럼 아무 대답도 할 수 없었다. 무섭다는 생각만 들었다.

그 후 아이는 운동을 그만두었다. 달리려고 해도 세계 1등 할 수 있느냐는 아버지의 말만 귀에 맴돌았다. 그렇게 좋아하던 운동이 심드렁해지고 재미없어졌다. 그렇다고 강제로 해야 하는 공부가 재미있어지지도 않았다. 학교에 가서도 겉도는 생활이 지루하게 이어졌다. 대학에 진학할 성적도 되지 않아 일찍 사회생활을 시작했다. 공부는 천등만등해도 먹고 살 수 있다는 아버지 말은 사실이 아니었다. 먹고 사는 게 너무 힘들었다.

남자가 다시 운동을 시작한 건 마흔이 훌쩍 넘어서였다.

우연히 회사 동료들과 공을 차다가 굶주린 야생마처럼 마구 내달리는 자신을 보며 처음으로 맑은 피가 송송 솟는 쾌감을 느꼈다. 세계 1등을 굳이 하지 않아도 좋았다. 어차피 운동으로 먹고 살 일이 아니라면 이렇게 즐겨도 좋겠다는 마음이 처음으로 들었다. 아이 마음을 헤아리지 않고, 자기 생각만 강요한 아버지의 한 마디가 운동을 좋아하던 아이 마음을 30년간 도둑질했다. 생각 없는 부모의 말 한 마디가 아이의 한 생을 좌우할 수 있다.

내가 죽인 게 아니라
그 사람이 죽은 거야

오랜만에 만난 친구는 얼굴이 어두웠다. 정형외과 원장인 그는 몇 해째 겨울만 되면 일부러 차에 치여 골절상을 입고, 치료비를 받아 병원에 입원해 겨울을 나는 가짜 환자 이야기를 꺼냈다. 몇 달 전 겨울에도 똑같은 골절을 입고 병원을 찾아 왔기에 이번에는 입원을 거절했다. 그런데 그 다음 날 그가 자살했다. 그 사실을 알고 친구는 충격에 빠졌다. 내가 거절하지 않았더라면 그 사람이 자살했을까. 그 생각에 불면의 밤을 보내고 수시로 올라오는 죄책감에 괴로웠다. 그런 날을 몇 달 보내다 우연히 일이 있어 지방에 내려온 나를 만났다.

"하아, 내가 이런 일은 처음이라서 어떻게 마음을 잡으면 좋을지 모르겠다."

"그래, 그렇겠다."

"서원아, 이럴 때는 내가 어떻게 마음을 먹어야 좋을까?"

"있잖아. 내가 지금부터 하는 말을 한 번 따라 해볼래."

"어떻게?"

"내가 죽인 게 아니라 그 사람이 죽은 거다."

"아……."

내 친구는 그 사람을 죽인 게 아니다. 만약 그렇다면 입원을 거부당한 모든 사람이 스스로 생을 마감해야 한다. 그러나 그렇지 않다. 그가 죽음을 선택한 것이다. 이것은 그의 문제이지 나의 문제가 아니다. 내 친구는 그날 밤부터 불면에 시달리지 않았다. 완전히 죄책감이 사라지지는 않았지만 무언가 큰 죄책감이 강물에 씻겨 내려가는 것 같았다고 말했다.

우리는 가끔 내가 다른 사람에게 너무 큰 영향력을 미치는 존재라고 착각을 한다. 내가 그때 한 그 말 때문에 그 사람이 그렇게 되었다고 자신을 자책하고 원망한다. 그러나 모든 사람의 행동은 자신이 선택하는 것이다. 자신의 영향력을 과하게 평가하고, 당사자의 선택을 과소평가하는 것은 교만한 마음이다. 사실은 나의 영향은 생각보다 크지 않고 당사자의 선택이 훨씬 큰 책임이 있다. 우리는 진리 앞에 겸손할 필요가 있다. 나와 관련된 큰 일이 생길 때 침착하게 생각하는 습관이 필요하다. 내가 죽인 게 아니라 그 사람이 죽은 것일 수 있다. 그런 경우가 훨씬 많은 게 인생이다.

저는
가죽수선사입니다

　대학원 첫 수업시간, 돌아가며 자기소개를 했다. 행정대학원은 현직에 있는 직장인들이 많이 듣는다. 학생 중에는 기관의 대표들이 많았다. 어디 대표, 어느 직장 기관장이라는 소개가 한참 이어졌다. 그러다 마지막에 예순 중반이 넘어 보이는 여자분이 쭈뼛거리며 띄엄띄엄 자기소개를 시작했다.

　"네… 저는 가방 가죽 수선을 하는 가죽수선사입니다."

순간 교실이 조용해졌다. 사회복지를 전공하는 대학원에 생소한 분야였을 뿐만 아니라 복지와 아무 관련이 없어 보이는 생뚱맞은 직업이었기 때문이다. 더구나 가죽공예사인 예술가도 아니고, 가죽회사 대표도 아니고, 가죽을 수선하는 수선공이 대학원에 왔으니 의외라는 표정들이었다.

그런 반응을 예상한 듯 가죽수선사라고 자신을 소개한 분은 위축된 표정으로 애꿎은 손만 만지작거리고 있었다. 사람 위에 사람 없고, 사람 아래 사람 없다. 무엇을 하는 사람이건 사회복지를 공부하러 온 사람이면 누구나 똑같은 학생일 뿐이다. 나는 잠시 침묵하다 말했다.

"아, 그러시군요. 저는 가족을 수선하는 가족수선사입니다."

순간 여자분의 눈동자가 심하게 흔들렸다. 그리고 햇살처럼 환한 미소를 지었다. 눈가에는 눈물이 촉촉하게 맺혀 있었다. 다른 학생들이 그제야 웃으며 잔잔한 박수로 대학원 동기인 여자분을 환영했다. 수업을 마치고 강의실을 나서는데 가죽수선사님이 따라 나왔다. 90도로 허리가 꺾이게 인사를 하며 말했다.

"교수님, 정말 고맙습니다. 오늘 이 말씀을 들으려고 제가 50년을 가죽 수선을 하며 살았던 것 같습니다. 그동안 사람들에게 기가 죽어 살아왔는데, 오늘 교수님 말씀을 듣고 제 한이 모두 풀렸습니다."

그 시간 이후로 가죽수선사는 당당하게 대학원을 다니기 시작했다. 교수는 가족수선사, 학생은 가죽수선사이니 누구에게도 위축될 필요가 없었다. 이제 가죽수선사는 가족수선사라는 한 마디 덕분에 새로운 삶을 열정적으로 살고 있다. 좋은 말의 힘은 한 사람의 삶을 바꾼다.

쳐다보지도 않고 했어

시각장애였던 선생님은 유쾌한 사람이었다. 손으로 벽을 더듬어 강의실로 들어가 강의를 마치고 연구실로 돌아왔을 때 오늘 수업이 어떠셨냐고 여쭈어보면 "애들이 하도 떠들어서 쳐다보지도 않고 했어."라며 웃었다. 조교였던 나도 따라 웃었다.

하루는 미국에서 유학할 때 있었던 한국 룸메이트와의 일화를 들려주었다. 눈이 보이지 않으니 악기 연주에 관심을 가지게 되어 아코디언을 배워 연습했다. 그러자 룸메

이트였던 친구가 말했다.

"야, 이제 잘 하네. 하나만 더 있으면 되겠다."
"뭐?"
"깡통!"

당시 한국에서는 앞을 못 보는 시각장애인들 가운데 자신의 신세를 최대한 불쌍하게 보이기 위해 깡통을 앞에 두고 악기를 연주하는 경우가 있었던 시절이었다. 일화를 이야기하며 선생님은 껄껄 웃었다.

그때 선생님을 통해 알게 된 것은 장애를 극복한다는 말이 잘못된 말이라는 것이었다. 장애는 극복의 대상이 아니라 수용의 대상이었다. 내가 잘못해서 장애를 가지고 사는 것이 아니다. 그러므로 극복할 대상이 아니라 나에게 장애가 있다는 것을 인정하고 수용하면 된다. 수용의 결과는 나의 장애로 유머를 하는 것으로 나타난다.

선생님 친구 가운데 한 교수님은 의족을 하고 있었는데

가끔 재미있는 거 보여줄까 하고는 의족을 거꾸로 신고 걸었다. 사람들이 깜짝 놀라면 "너희는 이런 거 죽었다 깨나도 못하지, 나는 식은 죽 먹기야." 하며 함께 있던 사람들을 웃게 만들었다.

최근 서양에서는 장애라는 말 대신 다른 능력을 가진 사람이라는 말을 쓴다. 우리는 서로 성격도 다르고, 능력도 다를 뿐 똑같이 귀한 사람이라는 의미를 담은 말이다. 내 잘못으로 생긴 것이 아닌 능력을 내가 부끄러워할 필요도 극복할 필요도 없다. 나는 나이고, 너는 너이기 때문이다. 우리는 누구나 동등한 존재일 뿐이다.

눈이 보이지 않으면 쳐다보지도 않고 말했다고 하면 되고, 다리가 불편하면 다들 서둘러서 나는 천천히 간다고 말하면 된다. 장애를 수용하는 순간 자유인이 된다.

그렇게 말해줘서
고마워

누가 칭찬해 주면 아니라며 손사래 칠 때가 많다. 그럴 때 애써 나를 칭찬해 준 사람의 표정을 보면 멋쩍은 모습이다. 기껏 칭찬해 줬는데 아니라니. 우리는 칭찬에 익숙하지 못한 채 자랐다. 칭찬보다는 지적에 익숙하다. 그러다 보니 남이 칭찬하면 어떻게 반응해야 할지 모르고 당황한다. 얼굴이 붉어지기도 하고, 아니라고 일단 말해야 상대도 나를 겸손하다고 좋아할 것 같다. 그래서 자꾸 아니라고 손사래를 친다.

이럴 때 좋은 방법이 있다. 그렇게 말해줘서 고맙다고 말하는 것이다. 그러면 칭찬해 준 사람도 살고, 칭찬받는 나도 산다. 이렇게 말해도 된다. 그렇게 생각해 주셔서 고맙습니다. 그렇게 봐주셔서 고맙습니다.

살다 보니 학생들이 나를 칭찬해 주기도 하고, 가까운 지인들과 가족들이 칭찬해 주기도 한다. 그럴 때마다 습관적으로 '그렇게 말해줘서 고마워'라고 반응한다. 칭찬해 준 사람은 얼굴이 부챗살처럼 환하게 펴진다. 그 얼굴에는 칭찬해 준 보람이 있어서 행복하다는 느낌이 묻어있다. 더 행복하게 해주고 싶다는 마음은 보답하고 싶어서 생기는 마음이다. 나도 칭찬해 준다. 상대도 조금 전 내가 했던 말을 들은 터라 '그렇게 말해줘서 나도 고마워요.'라고 반응한다. 칭찬을 잘 받아주면 이렇게 칭찬의 선순환이 일어난다.

반대로 아니라고 손사래를 치면, 조금 무안해진 상대는 불편한 감정을 없애려고 '진짜 그렇다니까요.' 하며 자기가 한 칭찬을 강하게 강조한다. 작은 칭찬에도 아니라고 했는데, 더 큰 칭찬을 받아들이는 건 염치없는 짓이다. 그래서 나도 질세라 '아유, 너무 좋게 봐주시네요.' 하면서 다시 한 번 칭찬을 밀어낸다. 그럴 때 상대 표정은 '좋아, 이제 앞으로는 당신한테 칭찬하지 않겠어.'라는 모습이 된다. 칭찬을 잘못 받으면 이렇게 칭찬의 맥이 툭 끊어지고 만다.

살면서 우리는 늘 칭찬에 허기져 있다. 누군가에게 작은 칭찬이라도 받고 싶어 한다. 그런데 귀하게 듣는 칭찬에 어떻게 반응할지 가르쳐주는 곳이 없다 보니 그토록 듣고 싶어 하던 칭찬을 듣고도 제대로 반응하지 못한다. 이제부터 누군가에게 칭찬을 들으면 공식처럼 이 말을 기억하면 어떨까. 그렇게 말해줘서 고마워.

난
적이 없잖아

고등학생인 아들이 학년 대표 선거에 나가 대표로 선출되었다. 여러 후보 가운데 네가 선출된 이유가 무엇 같으냐고 물었다. 돌아온 대답은 "아빠, 나는 적이 없잖아."였다. 짧지만 여운이 깊은 이야기였다. 나는 그런 아들에게 한 번 더 물었다. "그렇구나. 그럼 적을 만들지 않는 방법이 있어?" 아들은 머리를 긁적이더니 두 가지 방법이 있는 것 같다고 했다.

하나는 내가 잘난 척하면 안 된단다. 아이들은 집에서

엄마한테 늘 공부 더 잘하라는 이야기를 듣기 때문에 자기보다 공부를 잘하거나, 무엇을 잘하는 아이를 보면 비교가 되어 자기도 모르게 속이 상하고 초라해 보인다는 거다. 그런데 자기보다 잘하는 아이가 스스로 셀프칭찬을 하면 재수가 없는 아이가 되어버려서 적이 된다고 한다. 그래서 아무리 자신이 잘한다고 생각하더라도 겉으로 친구들 앞에서 잘난 체하면 안 된다고 했다. 칭찬은 친구들이 해줘야지 자기가 하면 적을 만들기로 작정한 거란다.

또 하나는 친구들을 잘 나게 도와줘야 한단다. 친구들도 사람인데, 사람은 자기에게 도움이 되는 사람을 좋아하지, 아무 도움도 안 되는 사람을 좋아하지 않기에 무엇이라도 친구에게 도움을 주어야 한다는 것이다. 만약 내가 농구를 잘한다면 농구를 잘하고 싶어 하는 친구에게 패스하는 법과 슛을 하는 법을 가르쳐주면 나를 좋아할 수밖에 없다고 했다. 내가 잘하는 걸 친구에게 나눠줘서 그 아이가 더 잘하게 해주면 거의 틀림없이 나를 좋아하게 되어 있다고 했다. 그러면서 아들은 이 두 가지 원칙을 지켰더니 아이들이 나에게 표를 던져준 게 아니냐고 했다.

아들의 이야기를 들으니 가끔 사람들 앞에서 잘난 체하고, 남을 더 잘하게 하는데 별 관심을 가지지 않았던 내가 부끄러워졌다. 고등학생이건 노인이건 사람은 누구나 잘난 맛에 살고 싶어 하는 존재다. 그래서 남이 잘난 걸 보면 내심 부럽고 속이 상하게 된다. 내가 그렇지 못하기 때문이다. 그래서 사람은 잘하는 사람일수록 다른 사람 앞에서 겸손해야 한다. 또 나는 착해서 남에게 아무 해를 끼치지 않는다고 해도 사람들이 나에게 가까이 다가서지 않는다. 뭐라도 다른 사람에게 도움이 되는 일을 해줄 때 호감을 가지고 나에게 다가선다. 그럴 때 나는 비로소 사람들 속에서 즐겁게 살 수 있다. 아들 덕분에 인기 있는 사람이 될 비결을 배웠다. 아들아, 고마워.

그 말이 듣고 싶었어

초판발행	2024년 11월 25일
초판 5쇄	2025년 10월 30일
지 은 이	이서원
펴 낸 이	서영주
총 편 집	김동주
편집·제작	기쁜소식
펴 낸 곳	레벤북스
출판등록	2019년 9월 18일 제2019-000033호
주　　소	서울 강북구 오현로7길 20(미아동)
취 급 처	레벤북스보급소 통신판매 02)945-2972
이 메 일	lebenbooks@paolo.net
	www.paolo.kr

15,000원
ISBN 979-11-969116-9-0 03810

ⓒ 이서원, 2024

이 책의 판권은 지은이에게 있으며 이 책 내용의 전부 또는 일부를 재사용하려면 지은이의 서면 동의를 받아야 합니다.